하루 **5**자, **16**일 완성

6급
급수한자
따라 쓰기 ❶

일러두기

· 이 책에 실린 한자는 한국어문회에서 제공하는 배정 한자의 순서대로 구성되어 있습니다.
· 어휘 설명은 표준국어대사전을 참고했습니다.

하루 **5**자, **16**일 완성

6급 급수한자 따라 쓰기❶

신경식 글 | 우지현 그림

주니어김영사

1. 한자능력검정시험이란?

사단법인 한국어문회가 주관하고 한국한자능력검정회가 시행하는 한자 활용능력시험으로 어린이부터 성인까지 누구나 응시 가능합니다. 1992년 12월 9일 1회 시험이 시작되었고 2001년부터 교육급수(4급~8급)와 공인급수(특급~3급Ⅱ)로 나누어 시험이 치러지고 있습니다.

2. 한자능력검정시험에 합격하면 좋은 점은?

- 특급~3급Ⅱ 시험에 합격하면 국가자격 취득자와 동등한 대우를 받습니다.
- 대학 입학 수시 모집과 특기자 전형에 지원할 수 있으며, 대입 면접 시 가산점을 받을 수 있습니다.
- 대학이 정한 기준에 따라 학점 및 졸업 인증에 반영됩니다.
- 공공 기관이나 기업체의 입사, 승진, 인사 고과 등에 반영됩니다.

3. 한자능력검정시험 급수 배정

급수		읽기	쓰기	수준 및 특성
공인급수	특급	5,978자	3,500자	국한 혼용 고전을 불편 없이 읽고 연구할 수 있는 수준, 고급
	특급Ⅱ	4,918자	2,355자	국한 혼용 고전을 불편 없이 읽고 연구할 수 있는 수준, 중급
	1급	3,500자	2,005자	국한 혼용 고전을 불편 없이 읽고 연구할 수 있는 수준, 초급
	2급	2,355자	1,817자	상용한자를 활용하는 것은 물론 인명·지명용 기초 한자 활용 단계
	3급	1,817자	1,000자	고급 상용한자 활용의 중급 단계
	3급Ⅱ	1,500자	750자	고급 상용한자 활용의 초급 단계
교육급수	4급	1,000자	500자	중급 상용한자 활용의 고급 단계
	4급Ⅱ	750자	400자	중급 상용한자 활용의 중급 단계
	5급	500자	300자	중급 상용한자 활용의 초급 단계
	5급Ⅱ	400자	225자	중급 상용한자 활용의 초급 단계
	6급	300자	150자	기초 상용한자 활용의 고급 단계
	6급Ⅱ	225자	50자	기초 상용한자 활용의 중급 단계
	7급	150자	–	기초 상용한자 활용의 초급 단계
	7급Ⅱ	100자	–	기초 상용한자 활용의 초급 단계
	8급	50자	–	한자 학습 동기 부여를 위한 급수

4. 한자능력검정시험 6급~8급 출제 기준

*자세한 사항은 한국어문회 누리집(www.hanja.re.kr) 참조

급수	총 문항 수	읽기 배정 한자	쓰기 배정 한자	독음	훈음	반의어 (상대어)	완성형	동의어 (유의어)	동음 이의어	뜻풀이	한자 쓰기	필순	합격 문항 수	시험 시간
6급	90문항	300자	150자	33문항	22문항	3문항	3문항	2문항	2문항	2문항	20문항	3문항	63문항	50분
6급Ⅱ	80문항	225자	50자	32문항	29문항	2문항	2문항	–	–	2문항	10문항	3문항	56문항	50분
7급	70문항	150자	–	32문항	30문항	2문항	2문항	–	–	2문항	–	2문항	49문항	50분
7급Ⅱ	60문항	100자	–	22문항	30문항	2문항	2문항	–	–	2문항	–	2문항	42문항	50분
8급	50문항	50자	–	24문항	24문항	–	–	–	–	–	–	2문항	35문항	50분

※ 상위급수 한자는 하위급수 한자를 모두 포함하고 있습니다.
※ 쓰기 배정 한자는 한두 급수 아래의 읽기 배정 한자이거나 그 범위 내에 있습니다.

5. 6급 한자 시험의 특징

6급 시험에 배정되는 한자는 7급 시험에 배정된 한자 150자에 새로운 한자 150자를 더해 모두 300 자입니다. 급수 시험은 총 90문항으로 한자의 音(음: 소리)을 묻는 문제 33문항과 訓(훈: 뜻)과 音을 동시에 묻는 문제 22문항이 출제되며, 7급 시험까지 없었던 한자 쓰기 문제가 20문항이나 출제됩니다. 또한 반의어, 완성형, 동의어, 동음이의어, 뜻풀이, 필순 문제를 합쳐 15문항이 출제 되는데 한자의 특징이 잘 드러나는 다양한 문제가 출제되므로 철저한 준비가 필요합니다.

《6급 급수한자 따라 쓰기 ❶, ❷》는 6급에서 새롭게 추가되는 한자 150자를 집중적으로 익힐 수 있 도록 구성하였는데, 한 글자 한 글자 성실하게 따라 쓰며 6급 시험에 배정된 한자까지 모두 익히면 초등학교와 중학교 교과서에 나오는 용어를 이해하는 데 큰 도움이 될 것입니다.

6. 6급 쓰기 배정 한자 한눈에 보기

6급 시험의 쓰기 문항은 7급 배정 한자인 150자 안에서 출제됩니다. 다음의 한자들은 7급 배정 한 자로, 읽기는 물론 쓰기까지 가능하도록 꼼꼼히 익히도록 합시다.

ㄱ	家(집 가) 歌(노래 가) 間(사이 간) 江(강 강) 車(수레 거/차) 工(장인 공) 空(빌 공) 校(학교 교)* 敎(가르칠 교)* 九(아홉 구)* 口(입 구) 國(나라 국)* 軍(군사 군)* 金(쇠 금ㅣ성 김)* 氣(기운 기) 記(기록할 기) 旗(기 기)
ㄴ	南(남녘 남)* 男(사내 남) 內(안 내) 女(계집 녀)* 年(해 년) 農(농사 농)
ㄷ	答(대답 답) 大(큰 대)* 道(길 도)* 東(동녘 동)* 動(움직일 동) 同(한가지 동) 洞(골 동ㅣ밝을 통) 冬(겨울 동) 登(오를 등)
ㄹ	來(올 래) 力(힘 력) 老(늙을 로) 六(여섯 륙)* 里(마을 리) 林(수풀 림) 立(설 립)
ㅁ	萬(일만 만)* 每(매양 매) 面(낯 면) 名(이름 명) 命(목숨 명) 母(어미 모)* 木(나무 목)* 門(문 문)* 文(글월 문) 問(물을 문) 物(물건 물) 民(백성 민)*
ㅂ	方(모 방) 白(흰 백)* 百(일백 백) 父(아비 부)* 夫(지아비 부) 北(북녘 북ㅣ달아날 배)* 不(아닐 불)
ㅅ	四(넉 사)* 事(일 사)* 山(메 산)* 算(셈 산) 三(석 삼)* 上(윗 상)* 色(빛 색)* 生(날 생)* 西(서녘 서)* 夕(저녁 석)* 先(먼저 선)* 姓(성 성)* 世(인간 세)* 小(작을 소)* 少(적을 소)* 所(바 소)* 水(물 수)* 手(손 수) 數(셈 수) 時(때 시)* 市(저자 시) 食(밥/먹을 식) 植(심을 식)* 室(집 실)* 心(마음 심)* 十(열 십)*
ㅇ	安(편안 안)* 語(말씀 어)* 然(그럴 연)* 五(다섯 오)* 午(낮 오)* 王(임금 왕)* 外(바깥 외)* 右(오를/오른 우)* 月(달 월)* 有(있을 유) 育(기를 육) 邑(고을 읍)* 二(두 이)* 人(사람 인)* 一(한 일)* 日(날 일)* 入(들 입)
ㅈ	子(아들 자)* 自(스스로 자) 字(글자 자)* 長(긴 장)* 場(마당 장) 電(번개 전) 前(앞 전) 全(온전 전) 正(바를 정) 弟(아우 제)* 祖(할아비 조) 足(발 족)* 左(왼 좌) 住(살 주) 主(임금/주인 주)* 中(가운데 중)* 重(무거울 중) 紙(종이 지) 地(땅 지) 直(곧을 직)
ㅊ	千(일천 천) 天(하늘 천) 川(내 천) 靑(푸를 청)* 草(풀 초)* 寸(마디 촌)* 村(마을 촌) 秋(가을 추) 春(봄 춘) 出(날 출)* 七(일곱 칠)*
ㅌ	土(흙 토)*
ㅍ	八(여덟 팔)* 便(편할 편ㅣ똥오줌 변) 平(평평할 평)
ㅎ	下(아래 하) 夏(여름 하) 學(배울 학)* 韓(한국/나라 한)* 漢(한수/한나라 한)* 海(바다 해)* 兄(형 형)* 火(불 화)* 話(말씀 화) 花(꽃 화) 活(살 활) 孝(효도 효) 後(뒤 후) 休(쉴 휴)

※ *표시는 6급Ⅱ 쓰기 한자입니다.

6급 한자 한눈에 보기

▼ 《하루 5자, 16일 완성 6급 급수한자 따라 쓰기 ❶》에서 학습합니다.

各*	角*	感	強	開	京	界*	計*	高*	古
각각 각	뿔 각	느낄 감	강할 강	열 개	서울 경	지경 계	셀 계	높을 고	예 고
苦	公*	共*	功*	果*	科*	光*	交	球*	區
쓸 고	공평할 공	한가지 공	공 공	실과 과	과목 과	빛 광	사귈 교	공 구	구분할/지경 구
郡	根	近	今*	急*	級	多	短*	堂*	代*
고을 군	뿌리 근	가까울 근	이제 금	급할 급	등급 급	많을 다	짧을 단	집 당	대신할 대
對*	待	圖*	度	讀*	童*	頭	等*	樂*	例
대할 대	기다릴 대	그림 도	법도 도 헤아릴 탁	읽을 독 구절 두	아이 동	머리 두	무리 등	즐길 락 노래 악 좋아할 요	법식 례
禮	路	綠	利*	理	李	明*	目	聞*	美
예도 례	길 로	푸를 록	이할 리	다스릴 리	오얏/성 리	밝을 명	눈 목	들을 문	아름다울 미
米	朴	半*	反*	班*	發*	放*	番	別	病
쌀 미	성/순박할 박	반 반	돌이킬/ 돌아올 반	나눌 반	필 발	놓을 방	차례 번	다를/나눌 별	병 병
服	本	部*	分*	社*	使	死	書*	席	石
옷 복	근본 본	떼 부	나눌 분	모일 사	하여금/부릴 사	죽을 사	글 서	자리 석	돌 석
線*	雪*	成*	省*	消*	速	孫	樹	術*	習
줄 선	눈 설	이룰 성	살필 성 덜 생	사라질 소	빠를 속	손자 손	나무 수	재주 술	익힐 습

▼《하루 5자, 14일 완성 6급 급수한자 따라 쓰기 ❷》에서 학습합니다.

勝	始*	式	身*	神*	信*	新*	失	愛	夜
이길 승	비로소 시	법 식	몸 신	귀신 신	믿을 신	새 신	잃을 실	사랑 애	밤 야

野	弱*	藥*	陽	洋	言	業*	英	永	溫
들 야	약할 약	약 약	볕 양	큰바다 양	말씀 언	업 업	꽃부리 영	길 영	따뜻할 온

勇*	用*	運*	園	遠	由	油	銀	音*	飮*
날랠 용	쓸 용	옮길 운	동산 원	멀 원	말미암을 유	기름 유	은 은	소리 음	마실 음

意*	醫	衣	者	作*	昨*	章	才*	在	戰*
뜻 의	의원 의	옷 의	놈 자	지을 작	어제 작	글 장	재주 재	있을 재	싸움 전

庭*	定	第*	題*	朝	族*	注*	晝*	集*	窓*
뜰 정	정할 정	차례 제	제목 제	아침 조	겨레 족	부을 주	낮 주	모을 집	창 창

淸*	體*	親	太	通	特	表*	風*	合	幸*
맑을 청	몸 체	친할 친	클 태	통할 통	특별할 특	겉 표	바람 풍	합할 합	다행 행

行	向	現*	形*	號	和*	畫	黃	會*	訓
다닐 행 항렬 항	향할 향	나타날 현	모양 형	이름 호	화할 화	그림 화 그을 획	누를 황	모일 회	가르칠 훈

이 책의 구성과 특징

하루 5자씩, 16일 완성
하루에 5자씩 따라 쓰며 익히고, 2일마다 학습한 한자를 복습할 수 있도록 구성했어요.

한자의 훈과 음
한국어문회 주관 한자능력검정시험에서 정한 훈과 음을 표기했어요.

중국어용 한자와 발음
중국에서 사용하는 간체자와 성조, 읽는 법을 함께 표기하여 중국어용 한자와 발음도 익힐 수 있어요.

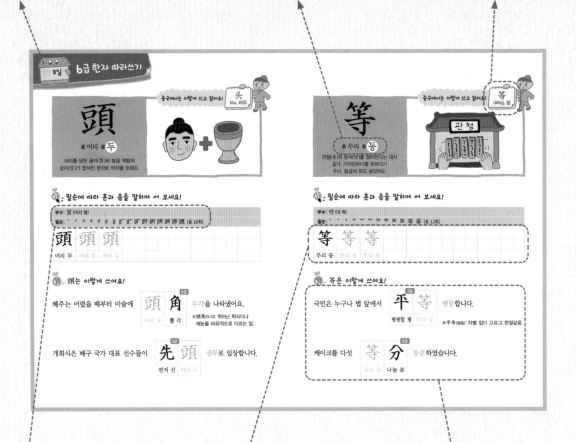

부수와 필순
한자를 이루는 글자이자 뜻을 나타내는 '부수'와 한자를 바르게 따라 쓸 수 있도록 '필순'을 표기했어요.

한자 따라 쓰기
훈과 음을 소리 내어 읽고 또박또박 따라 쓰면서 한자의 모양과 훈음을 익힐 수 있어요.

어휘와 활용 문장
학습한 한자가 활용된 어휘와 문장을 읽고 어휘력과 문해력을 기를 수 있어요.

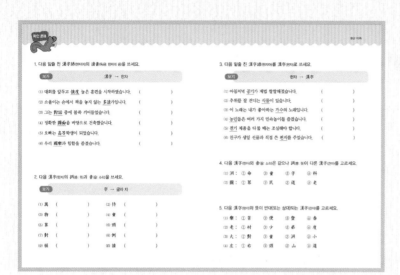

◀확인 문제(총 8회)

7급~8급 배정 한자가 포함된

급수 시험 유형 문제로

내 실력을 점검하며

배운 한자를 복습할 수 있어요.

▲ 사자성어

일상생활에서 자주 사용하는

사자성어를 통해

배운 한자를 더 넓게 학습해요.

▲ 반의어(상대어)

반의어(상대어)를 활용하여

한자와 한자어의 의미를

확실히 익힐 수 있어요.

차례

• 한자능력검정시험 안내 … 4
• 6급 한자 한눈에 보기 … 6
• 이 책의 구성과 특징 … 8

각~고 各角感強開京界計高古   13
확인 문제

고~구 苦公共功果科光交球區   27
확인 문제

군~대 郡根近今急級多短堂代   41
확인 문제

대~례 對待圖度讀童頭等樂例   55
확인 문제

례~미 禮路綠利理李明目聞美　69
확인 문제

미~병 米朴半反班發放番別病　83
확인 문제

복~석 服本部分社使死書席石　97
확인 문제

선~습 線雪成省消速孫樹術習　111
확인 문제

• 부록 | 사자성어 … 125
　　　 반의어(상대어) … 129
• 정답 … 133

한자의 필순

1. 위에서 아래로 씁니다.

三 의 필순 

2. 왼쪽에서 오른쪽으로 씁니다.

川 의 필순 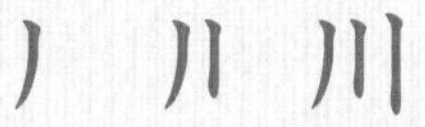

3. 가로획을 먼저 쓰고 세로획을 나중에 씁니다.

大 의 필순 

4. 가로획과 세로획이 만날 때는 가로획을 먼저 씁니다.

十 의 필순 

5. 좌우 대칭일 때는 가운데 획을 먼저 씁니다.

小 의 필순 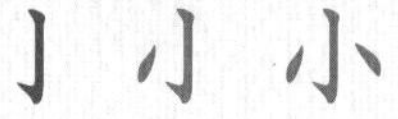

6. 몸(큰입구몸)을 먼저 씁니다.

國 의 필순 

7. 글자 전체를 꿰뚫는 획은 마지막에 씁니다.

中 의 필순 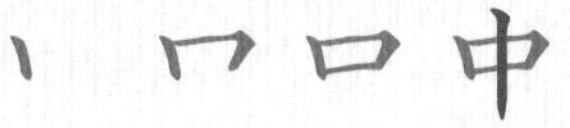

母 의 필순 

8. 삐침(丿)과 파임(㇏)이 만날 때는 삐침을 먼저 씁니다.

父 의 필순 

9. 오른쪽 위의 점은 마지막에 씁니다.

代 의 필순 

10. 받침(辶, 廴)은 마지막에 씁니다.

近 의 필순 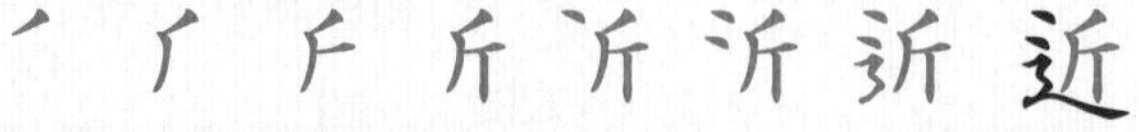

建 의 필순 

훈 각각 음 **각**

먼저 온 사람과 나중에 온(夊) 사람의 말(口)이
서로 다르다는 데서 생겨난 한자예요.

중국에서는 이렇게 쓰고 읽어요!

各
gè, 꺼

 필순에 따라 훈과 음을 말하며 써 보세요!

부수: 口(입 구)

필순: ' ⺈ 夂 夂 各 各 (총 6획)

各	各	各					
각각 각	각각 각	각각 각					

 各은 이렇게 쓰여요!

점심 도시락은  각자 알아서 준비합니다.

各 (각각 각)　自 7급 (스스로 자)

세계  각국의 정상들이 한자리에 모였습니다.

各 (각각 각)　國 8급 (나라 국)

14

중국에서는 이렇게 쓰고 읽어요!
角
jiǎo, 지아오

角

훈 뿔 음 각

짐승의 뿔 모양을 본떠 만든 글자로
뿔, 모서리를 뜻해요.

 **필순에 따라 훈과 음을 말하며 써 보세요!**

부수: 角(뿔 각)

필순: ⺈ ⺈ ⺈ 角 角 角 角 (총 7획)

角	角	角				
뿔 각	뿔 각	뿔 각				

 **角은 이렇게 쓰여요!**

8급
三　角　삼각형의 세 각의 크기의 합은 몇 도일까요?

석 삼　뿔 각

한 각이 90도인 삼각형을　　직각 삼각형이라고 해요.

7급
直　角

곧을 직　뿔 각

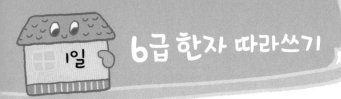

중국에서는 이렇게 쓰고 읽어요!

感
gǎn, 간

感

훈 느낄 음 **감**

눈, 코, 귀 등의 모든(咸) 감각 기관으로
느낀다(心)는 뜻이에요.

 필순에 따라 훈과 음을 말하며 써 보세요!

부수: 心 (마음 심)

필순: 丿 厂 厂 厂 咸 咸 咸 咸 咸 感 感 感 (총 13획)

느낄 감	느낄 감	느낄 감							

 感은 이렇게 쓰여요!

동화책을 읽고 크게  감동했어요.

느낄 감 움직일 동

※感動(감동): 크게 느끼어 마음이 움직임.

비 오는 날에는  감전 사고를 조심해야 합니다.

느낄 감 번개 전

※感電(감전): 전기가 통하고 있는 물체에
몸이 닿아서 순간적으로 충격을 받는 것.

強

훈 강할 음 강

활(弓)처럼 딱딱한 곤충(虫)의 껍데기를
나타낸 글자로 강하다는 뜻이에요.

 필순에 따라 훈과 음을 말하며 써 보세요!

부수: 弓(활 궁)

필순: ㄱ ㄱ 弓 弓' 弘 弘 弘 强 强 强 (총 11획)

強	強	強					
강할 강	강할 강	강할 강					

 強은 이렇게 쓰여요!

강할 강 · 힘 력

강력한 철제 무기를 사용하기 시작했습니다.

비가 내리며  강풍이 불 예정입니다.

강할 강 · 바람 풍

17

중국에서는 이렇게 쓰고 읽어요!

开
kāi, 카이

開

훈 열 음 **개**

빗장이 걸린 문(門)을 양손으로 여는
모습(開)을 나타낸 한자로 열다를 뜻해요.

 필순에 따라 훈과 음을 말하며 써 보세요!

부수: 門 (문 문)

필순: ㅣ ㄇ ㄇ ㄇ ㅣ 門 門 門 門 閂 閉 開 開 (총 12획)

開	開	開					
열 개	열 개	열 개					

開는 이렇게 쓰여요!

내일은 우리 학교의 ⟦開 [열 개] 校 [8급] [학교 교]⟧ 개교기념일입니다.

아쉽게도 2학기는 온라인 ⟦開 [열 개] 學 [8급] [배울 학]⟧ 개학입니다.

18

중국에서는 이렇게 쓰고 읽어요!
京
jīng, 징

京

훈 서울 음 경

큰 건물을 본떠 만든 글자로
크고 높은 건물이 많은 수도, 서울을 뜻해요.

 필순에 따라 훈과 음을 말하며 써 보세요!

부수: 亠(돼지해머리)

필순: ' 亠 亠 宁 宁 亨 京 京 (총 8획)

京	京	京					
서울 경	서울 경	서울 경					

 京은 이렇게 쓰여요!

1960년대에 들어서

7급
上　京
윗 상　서울 경

상경하는 인구가 증가했습니다.

※上京(상경): 지방에서 서울로 감.

중국의 수도는

8급
北　京
북녘 북　서울 경

북경입니다.

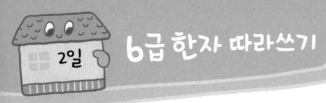
중국에서는 이렇게 쓰고 읽어요!

界
jiè, 지에

界

훈 지경 음 **계**

밭(田)과 밭(田) 사이를 구분(介)한다는
의미에서 경계를 뜻해요.

 필순에 따라 훈과 음을 말하며 써 보세요!

부수: 田(밭 전)

필순: 丨 冂 冂 田 田 罘 罘 界 界 (총 9획)

界	界	界				
지경 계	지경 계	지경 계				

 界는 이렇게 쓰여요!

새로운 치료제가  학계에 보고되었습니다.

배울 학 지경 계

※ **學界**(학계): 학문 연구 및 저술에 종사하는
학자들의 활동 분야.

기후 변화로  세계 곳곳이 몸살을 앓고 있어요.

인간 세 지경 계

중국에서는 이렇게 쓰고 읽어요!

計
jì, 지

計

훈 셀 음 **계**

입으로 소리 내어(言) 수(十)를 헤아린다는
데서 셈하다는 뜻을 나타내요.

필순에 따라 훈과 음을 말하며 써 보세요!

부수: 言 (말씀 언)

필순: ` ￪ ` ` 亠 ` ` 亖 ` ` 言 ` ` 言 ` ` 言 ` ` 言 ` ` 計 ` 計 (총 9획)

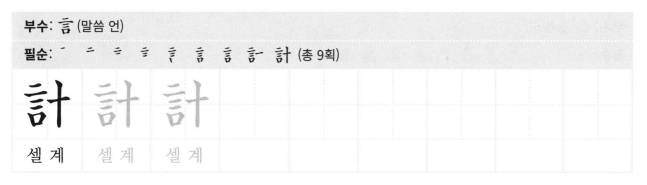

計	計	計						
셀 계	셀 계	셀 계						

計는 이렇게 쓰여요!

다음 문제의  계산 과정을 설명해 보세요.

計 算
셀 계 | 셈 산
7급

時 計
때 시 | 셀 계
7급

시계의 발명은 인류의 경제 활동에 큰 변화를
일으켰습니다.

중국에서는 이렇게 쓰고 읽어요!

高
gāo, 까오

高

훈 높을 음 고

높게 지어진 누각의 모습을 본뜬
글자로 높다는 뜻이에요.

 필순에 따라 훈과 음을 말하며 써 보세요!

부수: 高 (높을 고)

필순: ` ㅗ ㅗ ㅗ ㅎ ㅎ 高 高 高 高 (총 10획)

高	高	高						
높을 고	높을 고	높을 고						

 高는 이렇게 쓰여요!

비행기는 점점  고도를 높였어요.

高 度 [6급]
높을 고 법도 도

※高度(고도): 바닷물의 표면을 기준으로 측정한
물체의 높이.

저의  고조할아버지는 독립운동가이십니다.

高 祖 [7급]
높을 고 할아비 조

중국에서는 이렇게 쓰고 읽어요!

古
gǔ, 구

훈 예 음 **고**

여러 대(十)에 걸쳐 입(口)으로 전해진
일이라는 데서 옛날을 뜻해요.

 필순에 따라 훈과 음을 말하며 써 보세요!

부수: 口 (입 구)

필순: 一 十 十 古 古 (총 5획)

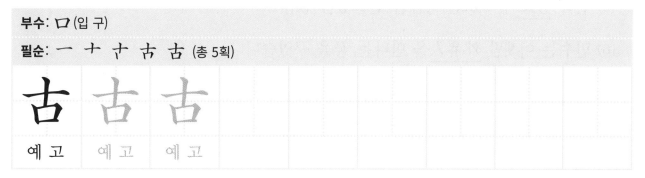
예 고 　 예 고 　 예 고

 古는 이렇게 쓰여요!

마을 어귀의  고목은 언제나 그 자리에 말없이 서 있어요.

8급
古　木
예 고　나무 목

※古木(고목): 여러 해 자라 더 크지 않을 정도로
　오래된 나무.

박물관에는  고대의 유물이 전시되어 있어요.

6급
古　代
예 고　대신할 대

※古代(고대): 옛 시대.

23

1. 다음 밑줄 친 漢字語(한자어)의 讀音(독음: 한자의 음)을 쓰세요.

> 보기   漢字 → 한자

(1) 할아버지는 **角木**을 이용해서 지게를 만드셨습니다.   (   )

(2) 세은이가 그린 그림은 **色感**이 따뜻합니다.   (   )

(3) 사업 실패로 **生計**가 막막해졌습니다.   (   )

(4) 각 지방의 선수들이 **入京**하기 시작했습니다.   (   )

(5) 전국 **各地**에서 모인 성금을 전달했습니다.   (   )

(6) 민수는 어젯밤 **外界人**을 만나는 꿈을 꾸었습니다.   (   )

2. 다음 漢字(한자)의 訓(훈: 뜻)과 音(음: 소리)을 쓰세요.

> 보기   字 → 글자 자

(1) 古   (   )   (2) 夕   (   )

(3) 界   (   )   (4) 開   (   )

(5) 強   (   )   (6) 感   (   )

(7) 京   (   )   (8) 同   (   )

(9) 所   (   )   (10) 高   (   )

3. 다음 밑줄 친 漢字語(한자어)를 漢字(한자)로 쓰세요.

> 보기　　　　　　　　　　　한자 → 漢字

(1) 서둘러야겠어요. 시간이 없습니다.　　　　　(　　　)

(2) 상가 지하에 서점이 생겼습니다.　　　　　(　　　)

(3) 세계 각국은 자국의 이익을 가장 중시합니다. (　　　)

(4) 생일 선물로 천연 화장품을 준비했습니다.　(　　　)

(5) 앞마당에 화초가 만발했습니다.　　　　　　(　　　)

(6) 무분별한 개발로 산림이 훼손되었습니다.　(　　　)

4. 다음 漢字(한자)와 音(음: 소리)은 같으나 訓(훈: 뜻)이 다른 漢字(한자)를 고르세요.

(1) 各 :　① 間　　② 命　　③ 角　　④ 邑

(2) 強 :　① 子　　② 食　　③ 白　　④ 江

5. 다음 漢字(한자)와 뜻이 반대(또는 상대)되는 漢字(한자)를 고르세요.

(1) 江 :　① 地　　② 山　　③ 川　　④ 海

(2) 教 :　① 植　　② 草　　③ 學　　④ 天

(3) 北 :　① 南　　② 来　　③ 時　　④ 花

(4) 男 :　① 然　　② 每　　③ 出　　④ 女

6. 다음 뜻에 맞는 漢字語(한자어)를 〈보기〉에서 찾아 그 번호를 쓰세요.

보기　　① 開校　② 日出　③ 強力　④ 語感　⑤ 後食　⑥ 先祖

(1) 학교를 새로 세워 처음으로 운영을 시작함.　（　　　　　）

(2) 말소리나 말투의 차이에 따른 느낌과 맛.　（　　　　　）

7. 다음 사자성어의 (　) 안에 알맞은 漢字(한자)를 〈보기〉에서 찾아 그 번호를 쓰세요.

보기　　① 問　② 月　③ 計　④ 市　⑤ 萬　⑥ 學　⑦ 里　⑧ 高

(1) 東(　　　)西答 : 물음과는 전혀 상관없는 엉뚱한 대답.

(2) 百年大(　　　) : 먼 앞날까지 미리 내다보고 세우는 크고 중요한 계획.

8. 다음 漢字(한자)에서 진하게 표시한 획은 몇 번째 쓰는 획인지 〈보기〉에서 찾아 그 번호를 쓰세요.

보기　　① 첫 번째　　② 두 번째　　③ 세 번째　　④ 네 번째　　⑤ 다섯 번째
　　　　⑥ 여섯 번째　⑦ 일곱 번째　⑧ 여덟 번째　⑨ 아홉 번째　⑩ 열 번째
　　　　⑪ 열한 번째　⑫ 열두 번째　⑬ 열세 번째

(1) 東 (　　　　)　　(2) 感 (　　　　)

중국에서는 이렇게 쓰고 읽어요!

苦
kǔ, 쿠

苦

훈 쓸 음 **고**

쓴 풀(艹)에 발음 역할의 글자(古)를 더해
쓴 것으로 괴롭다는 뜻을 나타내요.

 필순에 따라 훈과 음을 말하며 써 보세요!

부수: 艹 (초두머리)

필순: 一 十 十 艹 艹 芒 苦 苦 苦 (총 9획)

苦	苦	苦							
쓸 고	쓸 고	쓸 고							

 苦는 이렇게 쓰여요!

삼촌은 고향을 떠나 많은  고생을 하셨습니다.

苦 [8급]生
쓸 고 | 날 생

우리는  고락을 함께하기로 약속했습니다.

苦 [6급]樂
쓸 고 | 즐길 락

※ 苦樂(고락): 괴로움과 즐거움.

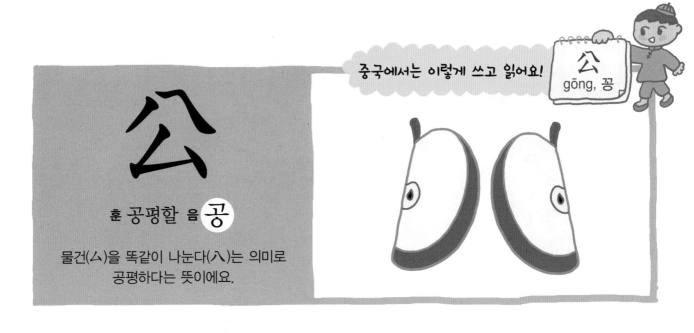

중국에서는 이렇게 쓰고 읽어요! 公 gōng, 꽁

公

훈 공평할 음 공

물건(厶)을 똑같이 나눈다(八)는 의미로 공평하다는 뜻이에요.

 필순에 따라 훈과 음을 말하며 써 보세요!

부수: 八 (여덟 팔)

필순: 丿 八 公 公 (총 4획)

公	公	公					
공평할 공	공평할 공	공평할 공					

 公은 이렇게 쓰여요!

공정한 선거를 위한 제도를 알아봅시다.

오늘은 학부모  공개 수업이 있습니다.

※公開(공개): 어떤 사실이나 사물, 내용 따위를 여러 사람에게 널리 터놓음.

중국에서는 이렇게 쓰고 읽어요!

共
gòng, 꽁

共

훈 **한가지** 음 **공**

두 손으로 네모난 물건을 받친 모습을 본뜬
글자로 함께라는 뜻이에요.

 필순에 따라 훈과 음을 말하며 써 보세요!

부수: 八 (여덟 팔)
필순: 一 十 廾 共 共 共 (총 6획)

共	共	共					
한가지 공	한가지 공	한가지 공					

 共은 이렇게 쓰여요!

아프리카 난민들의 아픔에

共	感	6급
한가지 공	느낄 감	

공감했어요.

※共感(공감): 다른 사람의 기쁨,
슬픔 따위를 똑같이 느끼는 기분.

우리 반의

共	同	7급
한가지 공	한가지 동	

공동 작품입니다.

功

훈 공 음 **공**

공사 도구(工)를 들고서 힘(力)쓰고 있는
모습을 나타낸 글자로 공, 공로를 뜻해요.

 필순에 따라 훈과 음을 말하며 써 보세요!

부수: 力 (힘 력)

필순: ˉ 丆 工 功 功 (총 5획)

功	功	功							
공 공	공 공	공 공							

 功은 이렇게 쓰여요!

유명한 사업가들은 저마다의

성공 비결이 있어요.

※成功(성공): 목적하는 바를 이룸.

할아버지는 독립운동의

유공을 인정받았습니다.

31

중국에서는 이렇게 쓰고 읽어요!

果
guǒ, 구어

果

훈 **실과** 음 **과**

나무(木)에 달린 열매들(田)의 모습을
간단하게 표현한 글자로 열매라는 뜻이에요.

 필순에 따라 훈과 음을 말하며 써 보세요!

부수: 木 (나무 목)

필순: ㅣ 冂 冃 日 旦 里 果 果 (총 8획)

果	果	果					
실과 과	실과 과	실과 과					

 果는 이렇게 쓰여요!

할아버지는  과수원을 운영하십니다.

果 (실과 과) 樹 (나무 수) 〔6급〕

※果樹(과수): 열매를 얻기 위하여 가꾸는 나무를
통틀어 이르는 말.

환경 보호 운동이 큰  성과를 거두었습니다.

成 (이룰 성) 果 (실과 과) 〔6급〕

※成果(성과): 이루어 낸 결실.

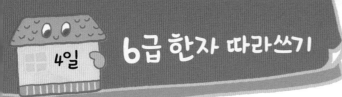

중국에서는 이렇게 쓰고 읽어요!

科
kē, 커

科

훈 과목 음 **과**

곡식(禾)을 바가지(斗)로 퍼서
분류한 품종이나 등급을 나타내다가
분류, 종류를 뜻하게 되었어요.

 필순에 따라 훈과 음을 말하며 써 보세요!

부수: 禾 (벼 화)
필순: ノ 二 千 禾 禾 禾 禾 科 科 (총 9획)

科	科	科							
과목 과	과목 과	과목 과							

 科는 이렇게 쓰여요!

음악, 미술, 체육

科	目	`6급`
과목 과	눈 목	

과목을 아울러 예체능이라고 해요.

※科目(과목): 가르치거나 배워야 할 지식 및
경험을 기준에 따라 여러 갈래로 나눈 영역.

科	學	`8급`
과목 과	배울 학	

과학 실험을 할 때는 항상 조심해야 합니다.

중국에서는 이렇게 쓰고 읽어요!

光
guāng, 꾸앙

光

훈 빛 음 광

사람(儿)의 머리 위에서 빛(火)이 나는 모습을
본뜬 글자로 빛, 빛나다는 뜻이에요.

 필순에 따라 훈과 음을 말하며 써 보세요!

부수: 儿 (어진사람인발)

필순: ⌐ ⌐ ⌐ ⌐ ⌐ 光 (총 6획)

光	光	光					
빛 광	빛 광	빛 광					

 光은 이렇게 쓰여요!

1945년, 드디어 우리 민족은

광명을 되찾았습니다.

光	明
빛 광	밝을 명

※光明(광명): 밝고 환함. 또는 밝은
미래나 희망을 상징하는 밝고 환한 빛.

빛이 1년 동안 나아가는 거리를 1

광년이라고 합니다.

光	年
빛 광	해 년

交

훈 **사귈** 음 **교**

두 다리를 꼰 사람의 모습을 본뜬 글자로
엇갈리다, 사귀다를 뜻해요.

중국에서는 이렇게 쓰고 읽어요!

交
jiāo, 지아오

 필순에 따라 훈과 음을 말하며 써 보세요!

부수: 亠 (돼지해머리)							
필순: ` 一 亠 六 亣 交 (총 6획)							

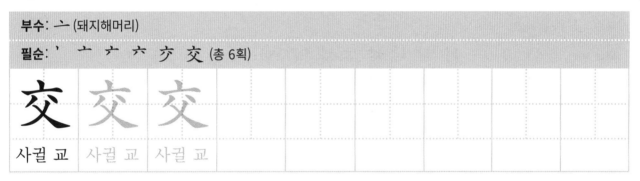

交	交	交					
사귈 교	사귈 교	사귈 교					

 交는 이렇게 쓰여요!

안정을 찾은 요나라는 고려에

國 8급	交
나라 국	사귈 교

국교를 요청했습니다.

※國交(국교): 나라와 나라 사이에
맺는 외교 관계.

소율이의 장래 희망은

外 8급	交
바깥 외	사귈 교

외교관입니다.

※外交(외교): 다른 나라와 정치적, 경제적,
문화적 관계를 맺는 일.

球

훈 공 음 **구**

원래는 둥글게 깎은 옥을 의미하는 글자였지만
지금은 둥글다, 공이라는 뜻이에요.

중국에서는 이렇게 쓰고 읽어요!

球
qiú, 치어우

 필순에 따라 훈과 음을 말하며 써 보세요!

부수: 王 (구슬옥변)

필순: ⌐ ⌐ ⫣ 王 王 玎 玎 玎 球 球 球 (총 11획)

球	球	球					
공구	공구	공구					

 球는 이렇게 쓰여요!

電	球
번개 전	공구

전구가 켜지도록 전지를 연결해 보세요.

우리가 살고 있는

地	球
땅 지	공구

지구의 특징을 알아봅시다.

중국에서는 이렇게 쓰고 읽어요!

区
qū, 취

區

훈 구분할/지경 음 구

물건(品)을 놓아둔 곳(匸)을 나타낸 글자로
구역, 구분하다를 뜻해요.

 필순에 따라 훈과 음을 말하며 써 보세요!

부수: 匸 (터진에운담)

필순: 一 丁 丆 匝 匝 匝 匝 匝 品 區 (총 11획)

區	區	區					
구분할 구	구분할 구	구분할 구					

 區는 이렇게 쓰여요!

현무암과 화강암을

區	分
구분할 구	나눌 분

6급

구분해 봅시다.

※區分(구분): 일정한 기준에 따라 전체를
몇 개로 갈라 나눔.

학교 정문에서 현관까지의

區	間
구분할 구	사이 간

7급

구간을 청소합니다.

※區間(구간): 어떤 지점과
다른 지점과의 사이.

37

1. 다음 밑줄 친 漢字語(한자어)의 讀音(독음: 한자의 음)을 쓰세요.

보기 　　　　　　　　　　　漢字 → 한자

(1) 아버지는 남부 **地區** 회장으로 선출되셨습니다. 　　（　　　　　）

(2) **公共** 도서관 문화 행사에 참여해 주세요. 　　（　　　　　）

(3) 축구 전용 **球場**에서 경기가 열립니다. 　　（　　　　　）

(4) 이 책을 읽은 사람은 **果然** 몇 명이나 될까? 　　（　　　　　）

(5) 심한 두통 때문에 **內科**에서 진료를 받았습니다. 　　（　　　　　）

(6) 삼촌은 감기로 **苦生**했습니다. 　　（　　　　　）

2. 다음 漢字(한자)의 訓(훈: 뜻)과 音(음: 소리)을 쓰세요.

보기 　　　　　　　　　　　字 → 글자 자

(1) 光 　（　　　　　）　　　(2) 功 　（　　　　　）

(3) 來 　（　　　　　）　　　(4) 果 　（　　　　　）

(5) 球 　（　　　　　）　　　(6) 電 　（　　　　　）

(7) 姓 　（　　　　　）　　　(8) 話 　（　　　　　）

(9) 交 　（　　　　　）　　　(10) 苦 　（　　　　　）

3. 다음 밑줄 친 漢字語(한자어)를 漢字(한자)로 쓰세요.

> **보기**　　　　　　　　　　　　　한자 → 漢字

(1) 우리는 <u>편안</u>하게 앉아 음악을 들었습니다. 　　（　　　　　　）

(2) 동생은 <u>내년</u>에 초등학생이 됩니다. 　　（　　　　　　）

(3) <u>소중</u>하게 다루는 것을 보니 귀한 물건이구나! 　　（　　　　　　）

(4) 다음 정류장에서 <u>하차</u>하세요. 　　（　　　　　　）

(5) 농촌의 일손 <u>부족</u>이 심각합니다. 　　（　　　　　　）

(6) 친척 중에 <u>교육</u>자가 여럿 있습니다. 　　（　　　　　　）

4. 다음 漢字(한자)와 音(음: 소리)은 같으나 訓(훈: 뜻)이 다른 漢字(한자)를 고르세요.

(1) 球 : 　① 天　　② 九　　③ 食　　④ 角

(2) 交 : 　① 開　　② 育　　③ 花　　④ 敎

5. 다음 漢字(한자)와 뜻이 반대(또는 상대)되는 漢字(한자)를 고르세요.

(1) 京 : 　① 村　　② 活　　③ 事　　④ 面

(2) 內 : 　① 五　　② 感　　③ 光　　④ 外

(3) 問 : 　① 年　　② 答　　③ 科　　④ 數

(4) 天 : 　① 百　　② 地　　③ 千　　④ 夏

6. 다음 뜻에 맞는 漢字語(한자어)를 〈보기〉에서 찾아 그 번호를 쓰세요.

> 보기   ① 長男 ② 區間 ③ 電算 ④ 高空 ⑤ 球場 ⑥ 同門

(1) 높은 공중.   (   )

(2) 축구, 야구 따위의 시합을 하는 운동장.   (   )

7. 다음 사자성어의 ( ) 안에 알맞은 漢字(한자)를 〈보기〉에서 찾아 그 번호를 쓰세요.

> 보기   ① 算 ② 南 ③ 光 ④ 有 ⑤ 地 ⑥ 春 ⑦ 色 ⑧ 區

(1) 電(   )石火 : 매우 짧은 시간이나 매우 재빠른 움직임 따위를 비유함.

(2) (   )夏秋冬 : 봄·여름·가을·겨울의 네 계절.

8. 다음 漢字(한자)에서 진하게 표시한 획은 몇 번째 쓰는 획인지 〈보기〉에서 찾아 그 번호를 쓰세요.

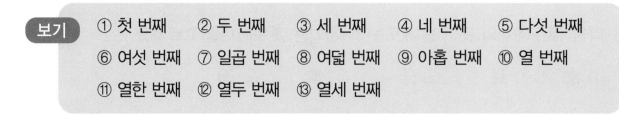

> 보기   ① 첫 번째   ② 두 번째   ③ 세 번째   ④ 네 번째   ⑤ 다섯 번째
>   ⑥ 여섯 번째 ⑦ 일곱 번째 ⑧ 여덟 번째 ⑨ 아홉 번째 ⑩ 열 번째
>   ⑪ 열한 번째 ⑫ 열두 번째 ⑬ 열세 번째

(1) 國 (   )   (2) 每 (   )

중국에서는 이렇게 쓰고 읽어요!

郡
jùn, 쥔

郡

훈 고을 음 **군**

군주(君)의 명령이 미치는 곳(阝)을
나타낸 글자로 고을, 마을을 뜻해요.

 필순에 따라 훈과 음을 말하며 써 보세요!

부수: 阝(우부방)
필순: ㄱ ㅋ ㅋ 尹 君 君 君 君' 君阝 郡 (총 10획)

郡	郡	郡					
고을 군	고을 군	고을 군					

 郡은 이렇게 쓰여요!

청소년 미술 대회가

郡	民 [8급]
고을 군	백성 민

군민 회관에서 열립니다.

할머니께서

郡	內 [7급]
고을 군	안 내

군내 병원에 입원하셨습니다.

根

훈 **뿌리** 음 **근**

중국에서는 이렇게 쓰고 읽어요!

根
gēn, 껀

사람의 시선이 땅을 향해 있는 글자(艮)와
나무(木)가 합쳐져 뿌리를 뜻하게 되었어요.

 필순에 따라 훈과 음을 말하며 써 보세요!

부수: 木 (나무 목)

필순: 一 十 オ 木 朾 杆 柙 根 根 根 (총 10획)

根	根	根						
뿌리 근	뿌리 근	뿌리 근						

 根은 이렇게 쓰여요!

간호사는 봉사와 희생정신을

근본으로 삼는
나이팅게일 선서를 합니다.

※根本(근본): 사물의 본질이나 본바탕.

어머니는 성실한

근성을 가장 중요하게 여기십니다.

※根性(근성): 뿌리가 깊게 박힌 성질.

중국에서는 이렇게 쓰고 읽어요!

近 jìn, 진

近

훈 **가까울** 음 **근**

무거운 도끼(斤)는 놓쳐도 멀지 않은 곳(辶)에 떨어짐을 나타낸 글자로 가깝다는 뜻이에요.

 필순에 따라 훈과 음을 말하며 써 보세요!

부수: 辶 (책받침)

필순: ´ ´ ´ ´ ᠵᠵᠵ ᠵᠵ (총 8획)

近	近	近			
가까울 근	가까울 근	가까울 근			

 近은 이렇게 쓰여요!

홍수, 지진, 태풍이  근래 들어 자주 발생합니다.

近 來 [7급]
가까울 근 올 래

※近來(근래): 가까운 요즈음.

태풍의 영향으로 제주도  근해에 풍랑 주의보가 내려졌습니다.

近 海 [7급]
가까울 근 바다 해

44

중국에서는 이렇게 쓰고 읽어요!

今
jīn, 진

今

훈 **이제** 음 **금**

입(口)에 뭔가 머금고 있는 모습을 나타낸
글자로 본래 머금다는 뜻이었지만
현재는 이제, 지금을 의미해요.

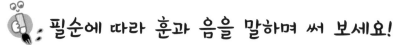 **필순에 따라 훈과 음을 말하며 써 보세요!**

부수: 人 (사람 인)

필순: ノ 人 스 今 (총 4획)

今	今	今						
이제 금	이제 금	이제 금						

 **今은 이렇게 쓰여요!**

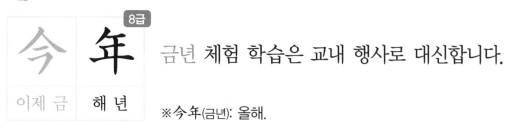

今	年 [8급]
이제 금	해 년

금년 체험 학습은 교내 행사로 대신합니다.

※今年(금년): 올해.

가게 앞에

今	日 [8급]
이제 금	날 일

'금일 휴무'라고 붙어 있었습니다.

※今日(금일): 오늘.

중국에서는 이렇게 쓰고 읽어요!
急
jí, 지

急

훈 급할 음 급

길 떠나는 사람을 붙잡고(刍) 싶은 초조한
마음(心)을 나타낸 글자로 급하다는 뜻이에요.

 필순에 따라 훈과 음을 말하며 써 보세요!

부수: 心 (마음 심)

필순: ′ ′′ ′′ 刍 刍 刍 急 急 急 (총 9획)

急	急	急							
급할 급	급할 급	급할 급							

 急은 이렇게 쓰여요!

아파트에 전기 자동차

急 速
급할 급 / 빠를 속

급속 충전기가 생겼습니다.

急 行
급할 급 / 다닐 행

급행열차를 타서 더 빨리 도착할 예정입니다.

중국에서는 이렇게 쓰고 읽어요!
级
jí, 지

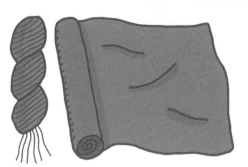

級

훈 등급 음 급

실(糸)과 발음 역할의 글자(及)가 합쳐진 한자로
옷감을 짜는 실의 품질을 의미해요.
여기서 등급, 차례라는 뜻이 생겼어요.

 필순에 따라 훈과 음을 말하며 써 보세요!

부수: 糸 (실 사)

필순: ⺁ ⺭ ⺱ ⺾ 糹 糸 紒 級 級 級 (총 10획)

級	級	級					
등급 급	등급 급	등급 급					

 級은 이렇게 쓰여요!

겨울 방학에 한자  급수 시험을 준비할 계획입니다.

級 등급 급　數 [7급] 셈 수

소방 훈련에는 5학년 모든  학급이 참가합니다.

學 [8급] 배울 학　級 등급 급

47

중국에서는 이렇게 쓰고 읽어요!
多
duō, 뚜어

多

훈 많을 음 다

고기(肉)가 쌓여 있는 모습을
나타낸 글자로 많다는 뜻이에요.

 필순에 따라 훈과 음을 말하며 써 보세요!

부수: 夕 (저녁 석)

필순: ノ ク タ タ 多 多 (총 6획)

多	多	多					
많을 다	많을 다	많을 다					

 多는 이렇게 쓰여요!

우리 반에는

다자녀 가정이 많습니다.

크게 넘어졌는데 다치지 않아

다행이에요.

短
duǎn, 두안

短

훈 짧을 음 **단**

짧은 거리에서 화살(矢)을 통(효) 안에 던져 넣는 투호 놀이에서 짧다는 뜻이 생겼어요.

 필순에 따라 훈과 음을 말하며 써 보세요!

부수: 矢 (화살 시)

필순: ノ ㅏ ㅑ 午 矢 矢 知 知 短 短 短 短 (총 12획)

短	短	短				
짧을 단	짧을 단	짧을 단				

 短은 이렇게 쓰여요!

短	身
짧을 단	몸 신

6급

단신을 극복하기 위해 더 많은 훈련을 했습니다.

자신의  **장단**점을 말해 봅시다.

長	短
긴 장	짧을 단

8급

※長短(장단): 길고 짧음. 또는 좋은 점과 나쁜 점.

49

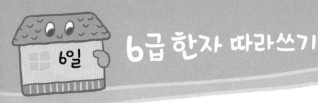
중국에서는 이렇게 쓰고 읽어요!

堂 táng, 탕

堂

훈 집 음 **당**

흙(土) 위에 지어 올린 건물(尙)을
나타낸 글자로 집을 뜻해요.

 필순에 따라 훈과 음을 말하며 써 보세요!

부수: 土 (흙 토)

필순: ' ' '' '' '' ''' ''' ''' ''' ''' ''' (총 11획)

堂	堂	堂					
집 당	집 당	집 당					

 堂은 이렇게 쓰여요!

방학 동안 학교

食 밥 식 **堂** 집 당 [7급]
식당을 보수 공사했습니다.

조선 시대의 아이들은
書 글 서 **堂** 집 당 [6급]
서당에서 글을 배웠어요.

중국에서는 이렇게 쓰고 읽어요!

代
dài, 따이

代

훈 대신할 음 대

줄을 묶어 두는 말뚝(弋)과 사람(亻)이 합쳐진
글자로 사람이 끈처럼 이어져 있다는 데서
세대, 시대, 대신하다를 뜻해요.

 필순에 따라 훈과 음을 말하며 써 보세요!

부수: 亻(사람인변)

필순: ノ 亻 亻 代 代 (총 5획)

代	代	代				
대신할 대	대신할 대	대신할 대				

 代는 이렇게 쓰여요!

저출산과 고령화는  현대 사회에서 가장 심각한
문제입니다.

現 **나타날 현** 代 **대신할 대**

이번 주는 고은이와  교대로 학급 문고를 정리합니다.

交 **사귈 교** 代 **대신할 대**

※交代(교대): 어떤 일을 여럿이 나누어서
차례에 따라 맡아 함.

1. 다음 밑줄 친 漢字語(한자어)의 讀音(독음: 한자의 음)을 쓰세요.

보기
漢字 → 한자

(1) 튤립과 백합은 알뿌리를 가진 球根 식물입니다. (   )

(2) 고온에서 短時間 끓입니다. (   )

(3) 火急을 다투는 중대한 일이 한둘이 아닙니다. (   )

(4) 영어 회화 中級반에서 공부합니다. (   )

(5) 피라미드는 古代 세계의 7대 불가사의 중 하나입니다. (   )

(6) 윤아는 多方面으로 재주가 뛰어납니다. (   )

2. 다음 漢字(한자)의 訓(훈: 뜻)과 音(음: 소리)을 쓰세요.

보기
字 → 글자 자

(1) 郡 (   )   (2) 短 (   )

(3) 活 (   )   (4) 全 (   )

(5) 育 (   )   (6) 堂 (   )

(7) 數 (   )   (8) 近 (   )

(9) 根 (   )   (10) 急 (   )

3. 다음 밑줄 친 漢字語(한자어)를 漢字(한자)로 쓰세요.

> 보기   한자 → 漢字

(1) 남북으로 길이 생겨 교통이 좋아졌습니다.   (   )

(2) 교통사고로 수족을 자유롭게 사용하기 어렵습니다.   (   )

(3) 작은아버지의 아들은 나와 사촌입니다.   (   )

(4) 현관 입구에 신발을 가지런히 정리했습니다.   (   )

(5) 우리 동네 도서관에는 매월 신간이 들어옵니다.   (   )

(6) 주말 오전에는 할머니 댁에 갑니다.   (   )

4. 다음 漢字(한자)와 音(음: 소리)은 같으나 訓(훈: 뜻)이 다른 漢字(한자)를 고르세요.

(1) 今 : ① 金   ② 時   ③ 高   ④ 自

(2) 軍 : ① 室   ② 區   ③ 京   ④ 郡

5. 다음 漢字(한자)와 뜻이 같거나 비슷한 漢字(한자)를 고르세요.

(1) 計 : ① 場   ② 然   ③ 算   ④ 軍

(2) 郡 : ① 紙   ② 近   ③ 代   ④ 邑

(3) 里 : ① 記   ② 洞   ③ 来   ④ 室

(4) 家 : ① 根   ② 堂   ③ 多   ④ 海

6. 다음 뜻에 맞는 漢字語(한자어)를 〈보기〉에서 찾아 그 번호를 쓰세요.

보기　　①時代　②農土　③植物　④短文　⑤王命　⑥教育

(1) 역사적으로 어떤 표준에 의하여 구분한 일정한 기간.　（　　　　　）

(2) 짧은 글.　　　　　　　　　　　　　　　　　　　　（　　　　　）

7. 다음 사자성어의 ( ) 안에 알맞은 漢字(한자)를 〈보기〉에서 찾아 그 번호를 쓰세요.

보기　　①同　②夕　③先　④今　⑤短　⑥氣　⑦木　⑧軍

(1) 東西古(　　　) : 동양과 서양, 옛날과 지금을 통틀어 이르는 말로
　　　　　　　　　　언제 어디서나를 비유함.

(2) 一長一(　　　) : 장점도 있고 단점도 있음.

8. 다음 漢字(한자)에서 진하게 표시한 획은 몇 번째 쓰는 획인지 〈보기〉에서 찾아 그
　 번호를 쓰세요.

보기　　① 첫 번째　　② 두 번째　　③ 세 번째　　④ 네 번째　　⑤ 다섯 번째
　　　　⑥ 여섯 번째　⑦ 일곱 번째　⑧ 여덟 번째　⑨ 아홉 번째　⑩ 열 번째

(1) 近 (　　　　　)　　　(2) 根 (　　　　　)

중국에서는 이렇게 쓰고 읽어요!

对
dui, 뚜에이

對

훈 대할 음 대

손(寸)에 불 밝힌 촛대(丵)를 들고 누군가 마주한다는 데서 대하다는 뜻을 나타내요.

 필순에 따라 훈과 음을 말하며 써 보세요!

부수: 寸 (마디 촌)

필순: ᅵ ᅦ ᅦ ᅦ ᅾ ᅾ ᅾ ᅾ ᅶ ᅶ ᅶ 對 對 (총 14획)

對	對	對					
대할 대	대할 대	대할 대					

 對는 이렇게 쓰여요!

강호는 아무

對	答
대할 대	대답 답

대답 없이 교문을 나섰습니다.

오늘은 우리가 첫

對	面
대할 대	낯 면

대면하는 날입니다.

※對面(대면): 서로 얼굴을 마주 보고 대함.

중국에서는 이렇게 쓰고 읽어요!

待
dài, 따이

待

훈 기다릴 음 대

원래는 관청(寺)에 가다(彳)는 뜻이었는데
느린 일 처리를 기다린다는 데서
기다리다를 뜻하게 되었어요.

필순에 따라 훈과 음을 말하며 써 보세요!

부수: 彳 (두인변)

필순: ´ ㇀ 彳 彳 犭 犴 祥 待 待 (총 9획)

待	待	待					
기다릴 대	기다릴 대	기다릴 대					

待는 이렇게 쓰여요!

오늘은  고대하던 내 생일입니다.

쓸 고 · 기다릴 대

※苦待(고대): 몹시 기다림.

기차역  대합실은 사람들로 붐볐습니다.

기다릴 대 · 합할 합 · 집 실

※待合室(대합실): 공공시설에서 손님이 기다리며
머물 수 있도록 마련한 곳.

중국에서는 이렇게 쓰고 읽어요!

图
tú, 투

圖

훈 그림 음 도

전쟁을 대비하여 변방 지역(鄙)까지 그린
지도라는 뜻으로 그림, 꾀하다는 뜻이에요.

 필순에 따라 훈과 음을 말하며 써 보세요!

부수: 囗 (큰입구몸)
필순: 丨 冂 冂 冂 冈 罔 罔 罔 罔 罔 圕 圖 圖 圖 (총 14획)

圖	圖	圖					
그림 도	그림 도	그림 도					

 圖는 이렇게 쓰여요!

地 7급	圖
땅 지	그림 도

지도는 지구 표면의 상태를 일정한 비율로 줄여서
나타냅니다.

우리는 내일 일을

圖	謀 3급
그림 도	꾀 모

도모했어요.

※圖謀(도모): 어떤 일을 이루기 위하여 대책과
방법을 세움.

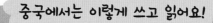
중국에서는 이렇게 쓰고 읽어요!

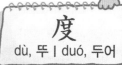
度
dù, 뚜 | duó, 두어

度

훈 법도 음 **도** | 훈 헤아릴 음 **탁**

집(广) 주위에서 손(又)에 든 도구로 길이를 재는 모습을 표현한 글자예요. 단위는 나라가 정한 기준이라서 법도, 정도를 뜻하게 되었어요.

 필순에 따라 훈과 음을 말하며 써 보세요!

부수: 广 (엄호)
필순: ᅵ ᅩ 广 广 庐 庐 庐 庹 度 (총 9획)

度	度	度					
법도 도	법도 도	법도 도					

 度는 이렇게 쓰여요!

해발

6급	
高	度
높을 고	법도 도

고도가 높을수록 기온은 낮아요.

이번 사건은 다른

6급	
角	度
뿔 각	법도 도

각도로도 살펴봐야 합니다.

※**角度**(각도): 생각의 방향이나 관점.

59

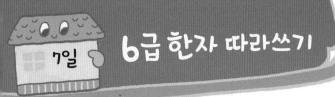
중국에서는 이렇게 쓰고 읽어요!

读
dú, 두

한 푼 두 푼~

讀

훈 읽을 음 독 | 훈 구절 음 두

물건을 팔(賣) 때 소리 내어(言)
돈을 센다는 데서 읽다를 뜻하게 되었어요.

 필순에 따라 훈과 음을 말하며 써 보세요!

부수: 言 (말씀 언)

필순: ` 亠 亠 亖 言 言 言 言 詰 詰 詰 詰 詰 詰 詰 詰 讀 讀 讀 讀 讀 讀 (총 22획)

讀	讀	讀				
읽을 독	읽을 독	읽을 독				

 讀은 이렇게 쓰여요!

현서는 여름 방학에

讀	書
읽을 독	글 서

독서 캠프에 참여하기로 했습니다.

문장을 쓸 때는

句	讀	點
글귀 구	구절 두	점 점

구두점을 빠뜨리지
않도록 주의하세요.

※句讀點(구두점): 글을 마치거나 쉴 때 찍는 점.

60

童

훈 아이 음 **동**

마을(里) 어귀에서 서서(立) 놀고 있는
아이를 나타낸 글자예요.

중국에서는 이렇게 쓰고 읽어요!

童
tóng, 통

 필순에 따라 훈과 음을 말하며 써 보세요!

부수: 立 (설 립)

필순: ` ㅗ ㅗ ㅍ 立 产 音 音 音 音 童 童 (총 12획)

童	童	童						
아이 동	아이 동	아이 동						

 童은 이렇게 쓰여요!

내 친구의 꿈은  동화 작가예요.

7급
童 話
아이 동 | 말씀 화

할머니는 여전히  동심을 간직하고 계십니다.

7급
童 心
아이 동 | 마음 심

중국에서는 이렇게 쓰고 읽어요!

头
tóu, 터우

頭

훈 머리 음 두

의미를 담은 글자(頁)와 발음 역할의
글자(豆)가 합쳐진 한자로 머리를 뜻해요.

 필순에 따라 훈과 음을 말하며 써 보세요!

부수: 頁 (머리 혈)

필순: ˉ ᄃ ᄆ ᄆ ᄆ ᄆ 豆 豆 ᄅᄆ ᄅᄆ 頭 頭 頭 頭 頭 頭 (총 16획)

頭	頭	頭					
머리 두	머리 두	머리 두					

 頭는 이렇게 쓰여요!

혜주는 어렸을 때부터 미술에

頭	角
머리 두	뿔 각

6급

두각을 나타냈어요.

※頭角(두각): 뛰어난 학식이나
재능을 비유적으로 이르는 말.

개회식은 배구 국가 대표 선수들이

先	頭
먼저 선	머리 두

8급

선두로 입장합니다.

等

훈 무리 음 등

관청(寺)의 문서(竹)를 정리한다는 데서
같다, 가지런하다를 뜻하다가
무리, 등급의 뜻도 생겼어요.

중국에서는 이렇게 쓰고 읽어요!

等 děng, 덩

 필순에 따라 훈과 음을 말하며 써 보세요!

부수: 竹 (대 죽)

필순: ´ ´ ´ ´ ´ ´ ´ ´´ ´´ ´´ 竺 笙 笙 等 等 (총 12획)

等	等	等					
무리 등	무리 등	무리 등					

 等은 이렇게 쓰여요!

국민은 누구나 법 앞에서

平	等
평평할 평	무리 등

평등합니다.

※平等(평등): 차별 없이 고르고 한결같음.

케이크를 다섯

等	分
무리 등	나눌 분

등분하였습니다.

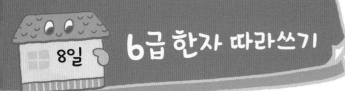

중국에서는 이렇게 쓰고 읽어요!

乐
lè, 러 | yuè, 위에 | yào, 야오

훈 즐길 음 **락** | 훈 노래 음 **악** | 훈 좋아할 음 **요**

나무 받침대 위에 북이나 방울 등 악기가
놓인 모습을 본뜬 글자로 즐겁다는 뜻이었다가
음악, 좋아하다는 뜻도 생겼어요.

 필순에 따라 훈과 음을 말하며 써 보세요!

부수: 木 (나무 목)

필순: ´ ′ ⺊ ⺊ ⺊ ⺊ 竔 竔 竔 樂 樂 樂 樂 樂 (총 15획)

樂	樂	樂					
즐길 락	즐길 락	즐길 락					

 樂은 이렇게 쓰여요!

순천만 습지는 철새들의

樂	園 [6급]
즐길 락	동산 원

낙원입니다.

※樂園(낙원): 아무런 괴로움이나 고통이
없이 안락하게 살 수 있는 즐거운 곳.

우리 학교

音 [6급]	樂
소리 음	노래 악

음악 선생님은 유명한 성악가입니다.

중국에서는 이렇게 쓰고 읽어요!

例
lì, 리

例

훈 법식 음 례

사람들이(亻) 줄지어 선(列) 모습에서
지켜야 할 질서나 순서를 나타내 법식을 뜻해요.

 필순에 따라 훈과 음을 말하며 써 보세요!

부수: 亻(사람인변)

필순: 丿 亻 亻 仃 仃 仍 例 例 (총 8획)

例	例	例					
법식 례	법식 례	법식 례					

 例는 이렇게 쓰여요!

환경 문제는 어느 나라도

8급

例	外
법식 례	바깥 외

예외를 둘 수 없어요.

※**例外**(예외): 일반적인 규칙이나
질서에서 벗어나는 일.

농촌과 도시가 서로 영향을 주고받는

7급

事	例
일 사	법식 례

사례를 알아보아요.

※**事例**(사례): 어떤 일이
전에 실제로 일어난 예.

1. 다음 밑줄 친 漢字語(한자어)의 讀音(독음: 한자의 음)을 쓰세요.

> **보기**　　　　　　　　　　　　　　漢字　→　한자

(1) 대회를 앞두고 <u>強度</u> 높은 훈련을 시작하였습니다.　　　(　　　　　　)

(2) 소율이는 손에서 책을 놓지 않는 <u>多讀</u>가입니다.　　　(　　　　　　)

(3) 그는 <u>對話</u> 중에 불쑥 끼어들었습니다.　　　(　　　　　　)

(4) 정확한 <u>圖面</u>을 바탕으로 건축했습니다.　　　(　　　　　　)

(5) 오빠는 <u>高等</u>학생이 되었습니다.　　　(　　　　　　)

(6) 우리 <u>國樂</u>과 힙합을 즐겼습니다.　　　(　　　　　　)

2. 다음 漢字(한자)의 訓(훈: 뜻)과 音(음: 소리)을 쓰세요.

> **보기**　　　　　　　　　　　　　　字　→　글자 자

(1) 萬　(　　　　　)　　　　(2) 待　(　　　　　　)

(3) 物　(　　　　　)　　　　(4) 童　(　　　　　　)

(5) 算　(　　　　　)　　　　(6) 頭　(　　　　　　)

(7) 對　(　　　　　)　　　　(8) 例　(　　　　　　)

(9) 植　(　　　　　)　　　　(10) 讀　(　　　　　　)

3. 다음 밑줄 친 漢字語(한자어)를 漢字(한자)로 쓰세요.

> 보기   한자 → 漢字

⑴ 아침저녁 공기가 제법 쌀쌀해졌습니다.   (   )

⑵ 추위를 잘 견디는 식물이 있습니다.   (   )

⑶ 이 노래는 내가 좋아하는 가수의 노래입니다.   (   )

⑷ 농민들은 여러 가지 민속놀이를 즐겼습니다.   (   )

⑸ 전기 제품을 다룰 때는 조심해야 합니다.   (   )

⑹ 친구가 생일 선물과 직접 쓴 편지를 주었습니다.   (   )

4. 다음 漢字(한자)와 音(음: 소리)은 같으나 訓(훈: 뜻)이 다른 漢字(한자)를 고르세요.

⑴ 洞 :   ① 命   ② 童   ③ 字   ④ 科

⑵ 圖 :   ① 界   ② 民   ③ 道   ④ 老

5. 다음 漢字(한자)와 뜻이 반대(또는 상대)되는 漢字(한자)를 고르세요.

⑴ 樂 :   ① 苦   ② 便   ③ 登   ④ 春

⑵ 老 :   ① 村   ② 少   ③ 弟   ④ 度

⑶ 大 :   ① 對   ② 童   ③ 洞   ④ 小

⑷ 左 :   ① 右   ② 頭   ③ 山   ④ 道

6. 다음 뜻에 맞는 漢字語(한자어)를 〈보기〉에서 찾아 그 번호를 쓰세요.

보기   ① 中間 ② 工場 ③ 午後 ④ 自白 ⑤ 苦待 ⑥ 同等

(1) 몹시 기다림.　　　　　(　　　　　)

(2) 등급이나 정도가 같음.　(　　　　　)

7. 다음 사자성어의 (　) 안에 알맞은 漢字(한자)를 〈보기〉에서 찾아 그 번호를 쓰세요.

보기   ① 各 ② 老 ③ 答 ④ 住 ⑤ 急 ⑥ 待 ⑦ 國 ⑧ 苦

(1) (　　　)自圖生 : 제각기 살아 나갈 방법을 꾀함.

(2) 同(　　　)同樂 : 괴로움도 즐거움도 함께함.

8. 다음 漢字(한자)에서 진하게 표시한 획은 몇 번째 쓰는 획인지 〈보기〉에서 찾아 그 번호를 쓰세요.

보기   ① 첫 번째　② 두 번째　③ 세 번째　④ 네 번째　⑤ 다섯 번째
　　　 ⑥ 여섯 번째　⑦ 일곱 번째　⑧ 여덟 번째　⑨ 아홉 번째　⑩ 열 번째
　　　 ⑪ 열한 번째　⑫ 열두 번째　⑬ 열세 번째　⑭ 열네 번째

(1) 圖 (　　　　)　　(2) 事 (　　　　)

중국에서는 이렇게 쓰고 읽어요!
礼
lǐ, 리

禮

훈 예도 음 례

제사를 지내기 위한 제단(示)과
수확물을 가득 담은 그릇(豊)을
나타낸 글자로 예도를 뜻해요.

 필순에 따라 훈과 음을 말하며 써 보세요!

부수: 示 (보일 시)

필순: ` ̄ ̄ 亍 亍 示 示 和 和 神 裲 裲 裲 禮 禮 禮 禮 禮 禮 (총 18획)

禮	禮	禮					
예도 례	예도 례	예도 례					

 禮는 이렇게 쓰여요!

신랑 신부의

예복이 화려하고 아름답습니다.

선생님은 웃으며

목례하셨습니다.

※目禮(목례): 눈짓으로 가볍게 하는 인사.

70

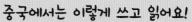

路

훈 길 음 로

발(足)이 입구에 닿는 모습(各)을 나타내어
오고 가는 곳인 길을 의미하게 되었어요.

 필순에 따라 훈과 음을 말하며 써 보세요!

부수: 足 (발 족)

필순: ` 丶 口 口 口 足 足 足 趵 趵 路 路 路 (총 13획)

路	路	路					
길 로	길 로	길 로					

 路는 이렇게 쓰여요!

도로와 교통의 발달로 전국이 일일생활권이 되었습니다.

道	路
길 도	길 로

새로운 버스  노선이 생겨서 교통이 편리해졌습니다.

路	線
길 로	줄 선

71

중국에서는 이렇게 쓰고 읽어요!

绿
lǜ, 뤼

綠

훈 푸를 음 **록**

나무나 풀을 보자기에 넣어 짜는 모습의
글자(彔)에 비단실(糸)이 합쳐져
초록빛이라는 뜻이 되었어요.

 필순에 따라 훈과 음을 말하며 써 보세요!

부수: 糸 (실 사)

필순: 纟 纟 纟 纟 纟 糸 糹 紆 紂 紵 紵 綠 綠 綠 (총 14획)

綠	綠	綠					
푸를 록	푸를 록	푸를 록					

 綠은 이렇게 쓰여요!

수목원이 온통  녹색으로 물들었습니다.

綠 **色** `7급`
푸를 록　빛 색

동네에  녹지 공간이 늘면서 공기도 맑아졌어요.

綠 **地** `7급`
푸를 록　땅 지

利

훈 이할 음 리

중국에서는 이렇게 쓰고 읽어요!

利
lì, 리

익은 벼(禾)를 칼(刂)로 베는 모습을 표현한 글자로 날카롭다, 이롭다는 뜻이에요.

 필순에 따라 훈과 음을 말하며 써 보세요!

부수: 刂 (선칼도방)

필순: ` ᄼ 二 千 禾 禾 利 利` (총 7획)

利	利	利							
이할 리	이할 리	이할 리							

 利는 이렇게 쓰여요!

우리는 다양한 교통수단을
利 用 [6급]
이할 리 쓸 용
이용하고 있습니다.

도시 생활은
便 利 [7급]
편할 편 이할 리
편리하지만 문제점도 있습니다.

중국에서는 이렇게 쓰고 읽어요!

理
lǐ, 리

理

훈 **다스릴** 음 리

단단한 옥(玉)을 다듬고 새긴다는 뜻이었다가
일을 처리하다, 다스리다를 의미하게 되었어요.

필순에 따라 훈과 음을 말하며 써 보세요!

부수: 王 (구슬옥변)

필순: ` ` ` ` 二 三 王 王 珇 珇 珇 珇 理 理 (총 11획)

理	理	理					
다스릴 리	다스릴 리	다스릴 리					

理는 이렇게 쓰여요!

어떠한  이유로도 폭력을 정당화할 수는 없습니다.

理由 [6급]
다스릴 리 · 말미암을 유

사람이라면 지녀야 할 마음의  도리를 배웁니다.

道理 [7급]
길 도 · 다스릴 리

※**道理**(도리): 사람이 어떤 입장에서
마땅히 행하여야 할 바른길.

중국에서는 이렇게 쓰고 읽어요!

李
lǐ, 리

李

훈 오얏/성 음 리

열매가 많이 맺히는 오얏(자두)나무에
빗댄 한자로 나무가 아이를 낳는 듯한
모양으로 그려졌어요.

 필순에 따라 훈과 음을 말하며 써 보세요!

부수: 木 (나무 목)

필순: 一 十 扌 木 杢 李 李 (총 7획)

李	李	李					
오얏 리	오얏 리	오얏 리					

 李는 이렇게 쓰여요!

李	花 [7급]
오얏 리	꽃 화

이화는 19세기 말에 수립된 대한 제국 황실의
상징이었습니다.

李	氏 [4급]
성 리	성씨 씨

이씨는 우리나라에서 두 번째로 많은 성씨입니다.

明

훈 밝을 음 **명**

창문(日)에 비친 달(月)을 나타낸 글자로
밝다, 명료하게 드러나다를 뜻해요.

중국에서는 이렇게 쓰고 읽어요!

明
míng, 밍

 필순에 따라 훈과 음을 말하며 써 보세요!

부수: 日 (날 일)

필순: 丨 冂 日 日 日) 明 明 明 (총 8획)

明	明	明					
밝을 명	밝을 명	밝을 명					

 明은 이렇게 쓰여요!

화재 사건의 진실이

8급

明	白
밝을 명	흰 백

명백하게 밝혀졌습니다.

※明白(명백): 의심할 바 없이 아주 뚜렷함.

민호는

6급

發	明
필 발	밝을 명

발명 동아리에 들어가기로 했어요.

중국에서는 이렇게 쓰고 읽어요!
目
mù, 무

目

훈 눈 음 목

눈의 모양을 본뜬 글자로
눈, 시력, 안목 등을 뜻해요.

 필순에 따라 훈과 음을 말하며 써 보세요!

부수: 目 (눈 목)

필순: ㅣ 冂 冂 冃 目 (총 5획)

目	目	目							
눈 목	눈 목	눈 목							

 目은 이렇게 쓰여요!

주원이는  면목이 없다며 고개를 숙였어요.

낮 면　눈 목

※面目(면목): 얼굴의 생김새. 또는 남을 대할 만한 체면.

책의  제목을 보고 흥미가 생겼습니다.

제목 제　눈 목

중국에서는 이렇게 쓰고 읽어요!

闻
wén, 원

聞

훈 **들을** 음 **문**

문(門)밖에서 안의 소리를 귀(耳) 기울여 듣는
모습을 표현한 것으로 듣다, 소식을 뜻해요.

 필순에 따라 훈과 음을 말하며 써 보세요!

부수: 耳 (귀 이)

필순: ㅣ ㄏ ㄏ ㄏ ㄏ ㄏ' 門 門 門 門 門 門 聞 聞 (총 14획)

聞	聞	聞				
들을 문	들을 문	들을 문				

 聞은 이렇게 쓰여요!

환경 문제에 대한  신문 기사를 모았습니다.

新 (6급) 聞
새 신　들을 문

효영이가 회장 선거에 나간다는  소문이 있어요.

所 (7급) 聞
바 소　들을 문

美

훈 아름다울 음 미

양(羊)의 뿔이나 깃털로
머리를 장식한 사람(大)을
표현한 것으로 아름답다는 뜻이에요.

중국에서는 이렇게 쓰고 읽어요!

美
měi, 메이

 필순에 따라 훈과 음을 말하며 써 보세요!

부수: 羊 (양 양)

필순: `丶 丷 丷 꽉 꽃 꽂 美 美` (총 9획)

美	美	美				
아름다울 미	아름다울 미	아름다울 미				

 美는 이렇게 쓰여요!

새로 사귄 친구 유진이는  재미 교포 3세입니다.

在 _{6급} 美
있을 재 아름다울 미

※在美(재미): 미국에 살고 있음.

이 도자기는  미술 시간에 만든 작품입니다.

美 術 _{6급}
아름다울 미 재주 술

79

1. 다음 밑줄 친 漢字語(한자어)의 讀音(독음: 한자의 음)을 쓰세요.

보기　　　　　　　　　　　　漢字 → 한자

(1) 결혼식 答禮로 무엇이 좋을까요?　　　　　　　(　　　　　　)

(2) 登山路 입구에서 만나기로 했습니다.　　　　　　(　　　　　　)

(3) 상황이 不利해지자 서둘러 자리를 떠났습니다.　(　　　　　　)

(4) 이번 영화는 사람의 복잡한 心理를 담았습니다.　(　　　　　　)

(5) 고대 文明의 발상지를 배웠습니다.　　　　　　　(　　　　　　)

(6) 이상한 所聞이 나돌았습니다.　　　　　　　　　(　　　　　　)

2. 다음 漢字(한자)의 訓(훈: 뜻)과 音(음: 소리)을 쓰세요.

보기　　　　　　　　　　　　字 → 글자 자

(1) 綠　(　　　　　　)　　　(2) 美　(　　　　　　)

(3) 校　(　　　　　　)　　　(4) 動　(　　　　　　)

(5) 利　(　　　　　　)　　　(6) 百　(　　　　　　)

(7) 農　(　　　　　　)　　　(8) 時　(　　　　　　)

(9) 禮　(　　　　　　)　　　(10) 李　(　　　　　　)

3. 다음 밑줄 친 漢字語(한자어)를 漢字(한자)로 쓰세요.

> 보기
>
> 한자 → 漢字

(1) 우리 반의 급훈은 <u>정직</u>입니다.　　　　　　　　(　　　　　)

(2) 나이가 들었어도 마음은 여전히 <u>청춘</u>입니다.　　（　　　　　）

(3) 형은 입대를 앞두고 <u>휴학</u>을 했습니다.　　　　　（　　　　　）

(4) 아름다운 <u>자연</u>에 반해서 이 섬에 정착했습니다.　（　　　　　）

(5) 일을 무사히 해내려면 <u>선후</u>를 잘 따져야 합니다.　（　　　　　）

(6) 마을에 있는 <u>인공</u> 호수에서 영화를 촬영합니다.　（　　　　　）

4. 다음 漢字(한자)와 音(음: 소리)은 같으나 訓(훈: 뜻)이 다른 漢字(한자)를 고르세요.

(1) 理 :　① 根　　② 道　　③ 李　　④ 樂

(2) 木 :　① 目　　② 手　　③ 頭　　④ 間

5. 다음 漢字(한자)와 뜻이 반대(또는 상대)되는 漢字(한자)를 고르세요.

(1) 高 :　① 上　　② 角　　③ 內　　④ 下

(2) 出 :　① 學　　② 入　　③ 邑　　④ 植

(3) 母 :　① 苦　　② 子　　③ 功　　④ 直

(4) 春 :　① 兄　　② 物　　③ 北　　④ 秋

6. 다음 뜻에 맞는 漢字語(한자어)를 〈보기〉에서 찾아 그 번호를 쓰세요.

보기　　①路面　②主人　③目前　④土地　⑤外家　⑥頭角

(1) 눈으로 볼 수 있는 가까운 곳.　　（　　　　　　　）

(2) 길의 바닥 표면.　　　　　　　　（　　　　　　　）

7. 다음 사자성어의 (　) 안에 알맞은 漢字(한자)를 〈보기〉에서 찾아 그 번호를 쓰세요.

보기　　①度　②大　③心　④火　⑤綠　⑥事　⑦例　⑧育

(1) 草(　　　)同色 ： 풀빛과 녹색은 같은 색이라는 뜻으로,
　　　　　　　　　　　비슷한 사람끼리 어울린다는 말.

(2) 公明正(　　　) ： 하는 일이나 태도가 사사로움이나 그릇됨이 없이
　　　　　　　　　　아주 정당하고 떳떳함.

8. 다음 漢字(한자)에서 진하게 표시한 획은 몇 번째 쓰는 획인지 〈보기〉에서 찾아 그 번호를 쓰세요.

보기　　① 첫 번째　② 두 번째　③ 세 번째　④ 네 번째　⑤ 다섯 번째
　　　　⑥ 여섯 번째　⑦ 일곱 번째　⑧ 여덟 번째　⑨ 아홉 번째　⑩ 열 번째
　　　　⑪ 열한 번째　⑫ 열두 번째

(1) 花 （　　　　　）　　　(2) 球 （　　　　　）

중국에서는 이렇게 쓰고 읽어요!

米
mǐ, 미

米

훈 쌀 음 미

곡식의 낱알을 펼치기 위한 막대를 표현한 글자로 쌀이나 곡식을 뜻해요.

 필순에 따라 훈과 음을 말하며 써 보세요!

부수: 米 (쌀 미)

필순: ` ′ ′ ′ ⺊ ⺅ ⺅ 米 (총 6획)

米	米	米					
쌀 미	쌀 미	쌀 미					

 米는 이렇게 쓰여요!

엄마는 늘
白 ⁸급	米
흰 백	쌀 미
백미에 잡곡을 섞어 밥을 짓습니다.

동생은 심한 장염으로
米	飮 ⁶급
쌀 미	마실 음
미음을 먹고 있어요.

※米飮(미음): 쌀에 물을 충분히 붓고
푹 끓여 체에 걸러 낸 걸쭉한 음식.

중국에서는 이렇게 쓰고 읽어요!

朴
piáo, 피아오 | pǔ, 푸

훈 성/순박할 음 **박**

거북의 등(卜)처럼 갈라진 나무(木)의 모양을
표현한 글자로 성씨와 순박하다는 뜻이에요.

 필순에 따라 훈과 음을 말하며 써 보세요!

부수: 木 (나무 목)

필순: 一 十 才 木 朴 朴 (총 6획)

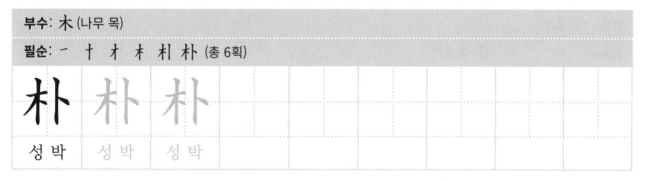

朴	朴	朴					
성 박	성 박	성 박					

 朴은 이렇게 쓰여요!

우리나라의  박씨는 박혁거세의 후손이라고 합니다.

4급
朴 氏
성 박 성씨 씨

할머니는 채소로  소박한 밥상을 차려 주셨습니다.

4급
素 朴
본디 소 순박할 박

※素朴(소박): 꾸밈이나 거짓이 없고 수수함.

중국에서는 이렇게 쓰고 읽어요!

半
bàn, 빤

半

훈 반 음 **반**

소(牛)를 잡아 절반(八)으로 나누는 모습을
나타낸 한자로 반, 절반이라는 뜻이에요.

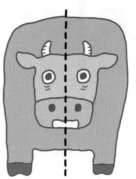

 필순에 따라 훈과 음을 말하며 써 보세요!

부수: 十 (열 십)

필순: ´ ˆ ˠ 兰 半 (총 5획)

半	半	半					
반 반	반 반	반 반					

 半은 이렇게 쓰여요!

크리스마스 선물로  반구 모양의 스노 글로브를
받았습니다.

半球 [6급]
반 반 / 공 구

우리나라는  반만년의 역사를 자랑합니다.

半萬年 [8급][8급]
반 반 / 일만 만 / 해 년

反

훈 돌이킬/돌아올 음 반

손(又)으로 뭔가를 뒤집는(厂) 모양의 글자로
돌이키다는 뜻이었다가
반대하다로 의미가 넓어졌어요.

중국에서는 이렇게 쓰고 읽어요!

反
fǎn, 판

 필순에 따라 훈과 음을 말하며 써 보세요!

부수: 又 (또 우)

필순: 一 厂 反 反 (총 4획)

反	反	反							
돌이킬 반	돌이킬 반	돌이킬 반							

 反은 이렇게 쓰여요!

찬성과  반대로 나뉘어 서로 다른 주장을 했어요.

反	對
돌이킬 반	대할 대

잘못을 깨달아  반성하고 있습니다.

反	省
돌이킬 반	살필 성

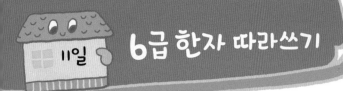

중국에서는 이렇게 쓰고 읽어요!

班
bān, 빤

班

훈 나눌 음 **반**

칼(刂)로 옥(珏)을 나누는 모습을 표현한
글자로 나누다, 이별하다는 뜻이에요.

 필순에 따라 훈과 음을 말하며 써 보세요!

부수: 王 (구슬옥변)

필순: ⁻ ⁼ ³ 王 珏 珔 珔 珔 班 班 (총 10획)

班	班	班					
나눌 반	나눌 반	나눌 반					

 班은 이렇게 쓰여요!

2학기

班　長⁸급
나눌 반　어른 장

반장 선거에는 3명의 후보가 출마합니다.

양반은 원래

文⁷급　班
글월 문　나눌 반

문반과 무반의 직업을 가진 사람을
모두 가리키는 말이었습니다.

중국에서는 이렇게 쓰고 읽어요!

发
fā, 파

發

훈 필 음 발

등지고(癶) 도망가는 사람에게 활(弓) 쏘는 것을
표현한 글자로 누군가를 뒤쫓는다는 의미에서
쏘다, 나타나다, 밝히다를 뜻해요.

 필순에 따라 훈과 음을 말하며 써 보세요!

부수: 癶 (필발머리)

필순: ﾉ ﾌ ﾌˊ ﾌˇ 癶 癶 癶 癶 發 發 發 發 (총 12획)

發	發	發					
필발	필발	필발					

 發은 이렇게 쓰여요!

풍력

발전의 특징과 장단점을 알아봅시다.

현장 체험 학습 버스가 이제 곧

출발할 예정이에요.

89

放

훈 놓을 음 **방**

죄지은 사람을 때려서(攵) 내보낸다(方)는
의미에서 내쫓다, 놓다를 뜻해요.

중국에서는 이렇게 쓰고 읽어요!

放
fàng, 팡

 필순에 따라 훈과 음을 말하며 써 보세요!

부수: 攵 (등글월문)

필순: ` ㅗ 方 方 扩 扩 放 放 (총 8획)

放	放	放					
놓을 방	놓을 방	놓을 방					

 放은 이렇게 쓰여요!

올해 여름

放	學 8급
놓을 방	배울 학

방학에는 제주도로 가족 여행을 갈
예정입니다.

2008년에 있었던 숭례문 화재의 원인은

放	火 8급
놓을 방	불 화

방화였습니다.

중국에서는 이렇게 쓰고 읽어요!

番
fān, 판

番

훈 차례 음 번

논밭(田)에 찍혀 있는 동물의 발자국(釆)을 표현한 글자로 차례, 횟수를 뜻해요.

 필순에 따라 훈과 음을 말하며 써 보세요!

부수: 田 (밭 전)

필순: ノ ⺁ ⺂ ⼚ 平 乎 釆 釆 番 番 番 番 (총 12획)

番	番	番							
차례 번	차례 번	차례 번							

番은 이렇게 쓰여요!

신청서에 학년과 반,  번호, 이름을 적어 주세요.

番 (차례 번) 號 (이름 호) 6급

준수는  매번 나를 도와주는 친구입니다.

每 (매양 매) 番 (차례 번) 7급

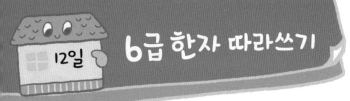
중국에서는 이렇게 쓰고 읽어요!

別
bié, 비에

別

훈 다를/나눌 음 별

고기에서 칼(刂)로 뼈를 발라내다(另=冎)의
뜻이었다가 다르다. 나누다는 뜻이 생겼어요.

 필순에 따라 훈과 음을 말하며 써 보세요!

부수: 刂 (선칼도방)

필순: `丶 冂 冂 另 另 別 別` (총 7획)

別	別	別					
다를 별	다를 별	다를 별					

 別은 이렇게 쓰여요!

우리는 어릴 때의  별명을 부르며 크게 웃었습니다.

別 名 7급
다를 별 · 이름 명

다른 별과 북극성을  구별하는 특징을 말해 봅시다.

區 別 6급
구분할 구 · 나눌 별

중국에서는 이렇게 쓰고 읽어요!

病
bìng, 삥

훈 병 음 **병**

병에 걸려 침대에 누워 있는(疒) 모습을
표현한 글자로 병을 뜻해요.

 필순에 따라 훈과 음을 말하며 써 보세요!

부수: 疒 (병질엄)

필순: ` 亠 广 广 疒 疒 疒 病 病 病 (총 10획)

病	病	病							
병 병	병 병	병 병							

 病은 이렇게 쓰여요!

병원에는 어린이 환자들을 위한

병실이 따로 있습니다.

할아버지께서

병석에 누우신 지 벌써 3년째입니다.

※病席(병석): 병자가 앓아누워 있는 자리.

93

1. 다음 밑줄 친 漢字語(한자어)의 讀音(독음: 한자의 음)을 쓰세요.

> 보기   漢字 → 한자

(1) 이번 경기는 <u>放心</u>하다가 역전을 당했습니다.　　　　　 (　　　　　)

(2) 나이가 <u>半百</u>이 넘으니 머리가 희끗희끗해졌습니다.　 (　　　　　)

(3) 그 이야기를 듣고 <u>反感</u>이 생기면서 얼굴이 붉어졌습니다. (　　　　　)

(4) 운동장에 나가면 <u>班別</u>로 모여 있으세요!　　　　　　 (　　　　　)

(5) 이번에 <u>開發</u>한 신제품의 반응이 좋습니다.　　　　　 (　　　　　)

(6) 운동 부족은 성인병 <u>發病</u>의 주요 원인 중 하나입니다. (　　　　　)

2. 다음 漢字(한자)의 訓(훈: 뜻)과 音(음: 소리)을 쓰세요.

> 보기   字 → 글자 자

(1) 米　(　　　　　)　　　(2) 住　(　　　　　)

(3) 例　(　　　　　)　　　(4) 朴　(　　　　　)

(5) 放　(　　　　　)　　　(6) 食　(　　　　　)

(7) 番　(　　　　　)　　　(8) 夏　(　　　　　)

(9) 別　(　　　　　)　　　(10) 等　(　　　　　)

3. 다음 밑줄 친 漢字語(한자어)를 漢字(한자)로 쓰세요.

> **보기**
>
> 한자 → 漢字

(1) 무농약 채소이니 <u>안심</u>하고 드십시오.　　　(　　　　　　　)

(2) 우리 가족은 휴일마다 함께 <u>등산</u>을 갑니다.　(　　　　　　　)

(3) 열 개의 화살이 모두 과녁에 <u>명중</u>했습니다.　(　　　　　　　)

(4) 밤이 되니 <u>사방</u>이 고요해졌습니다.　　　　　(　　　　　　　)

(5) 이번 비는 <u>오후</u>부터 차츰 그칠 예정입니다.　(　　　　　　　)

(6) 오늘도 <u>활기</u>차게 시작합시다.　　　　　　　(　　　　　　　)

4. 다음 漢字(한자)와 音(음: 소리)은 같으나 訓(훈: 뜻)이 다른 漢字(한자)를 고르세요.

(1) 美 :　① 同　　② 米　　③ 生　　④ 待

(2) 半 :　① 苦　　② 交　　③ 班　　④ 果

5. 다음 漢字(한자)와 뜻이 같거나 비슷한 漢字(한자)를 고르세요.

(1) 路 :　① 主　　② 道　　③ 禮　　④ 水

(2) 明 :　① 花　　② 下　　③ 白　　④ 聞

(3) 青 :　① 球　　② 開　　③ 名　　④ 綠

(4) 便 :　① 安　　② 軍　　③ 病　　④ 室

6. 다음 뜻에 맞는 漢字語(한자어)를 〈보기〉에서 찾아 그 번호를 쓰세요.

보기   ① 反感   ② 發生   ③ 道理   ④ 放學   ⑤ 白米   ⑥ 各別

(1) 어떤 일이나 사물이 생겨남.   (   )

(2) 어떤 일에 대한 마음가짐이나 자세 따위가 유달리 특별함.   (   )

7. 다음 사자성어의 ( ) 안에 알맞은 漢字(한자)를 〈보기〉에서 찾아 그 번호를 쓰세요.

보기   ① 長 ② 北 ③ 時 ④ 理 ⑤ 發 ⑥ 路 ⑦ 不 ⑧ 別

⑴ (   )有天地 : 특별히 경치가 좋거나 분위기가 좋은 곳. 별세계.

⑵ 百(   )百中 : 무슨 일이든 틀림없이 잘 들어맞음.

8. 다음 漢字(한자)에서 진하게 표시한 획은 몇 번째 쓰는 획인지 〈보기〉에서 찾아 그 번호를 쓰세요.

보기   ① 첫 번째   ② 두 번째   ③ 세 번째   ④ 네 번째   ⑤ 다섯 번째
⑥ 여섯 번째   ⑦ 일곱 번째   ⑧ 여덟 번째   ⑨ 아홉 번째   ⑩ 열 번째
⑪ 열한 번째   ⑫ 열두 번째

⑴ 發 (   )   ⑵ 別 (   )

중국에서는 이렇게 쓰고 읽어요!
服 fú, 푸

服

훈 옷 음 복

무릎 꿇은 죄인(卩)을 이끌어(又) 배(舟)에 태우는 모습을 나타낸 글자로 복종하다, 항복하다는 뜻이었다가 의복이라는 뜻이 추가되었어요.

 필순에 따라 훈과 음을 말하며 써 보세요!

부수: 月 (달 월)

필순: 丿 刀 月 月 月' 刖' 服 服 (총 8획)

服	服	服						
옷 복	옷 복	옷 복						

 **服은 이렇게 쓰여요!**

韓(8급) 服
한국 한 / 옷 복

한복의 아름다움을 세계에 알리고 있습니다.

교복은 冬(7급) 服
겨울 동 / 옷 복

동복과 하복이 따로 있습니다.

훈 근본 음 본

뿌리를 가리키기 위해 나무(木) 아래에
점을 찍어 만든 글자로 근본이라는 뜻이에요.

중국에서는 이렇게 쓰고 읽어요!

本
bĕn, 번

 필순에 따라 훈과 음을 말하며 써 보세요!

부수: 木 (나무 목)

필순: 一 十 才 木 本 (총 5획)

本	本	本					
근본 본	근본 본	근본 본					

 本은 이렇게 쓰여요!

개인 정보 수집은  본인의 동의가 필요합니다.

本 근본 본 人 사람 인 (8급)

악당이  본색을 드러내며 영화가 절정에 다다랐습니다.

本 근본 본 色 빛 색 (7급)

중국에서는 이렇게 쓰고 읽어요!
部
bù, 뿌

部

훈 떼 음 **부**

뜻을 가진 글자(阝)와 발음 역할의 글자(咅)가
합쳐져 고을이나 마을을 뜻하다가
구분하다, 부분으로 의미가 넓어졌어요.

 필순에 따라 훈과 음을 말하며 써 보세요!

부수: 阝 (우부방)

필순: ' ㅗ ㅗ ㅗ 坴 音 音 咅 咅 部 部 (총 11획)

部	部	部					
떼 부	떼 부	떼 부					

 部는 이렇게 쓰여요!

아빠가 회사에서  부장으로 승진하셨습니다.

部 떼 부 　長 [8급] 어른 장

※部長(부장): 기관이나 조직에서 한 부서를
맡아 다스리는 직위.

다음 주 특강은  외부 강사가 진행합니다.

外 [8급] 바깥 외 　部 떼 부

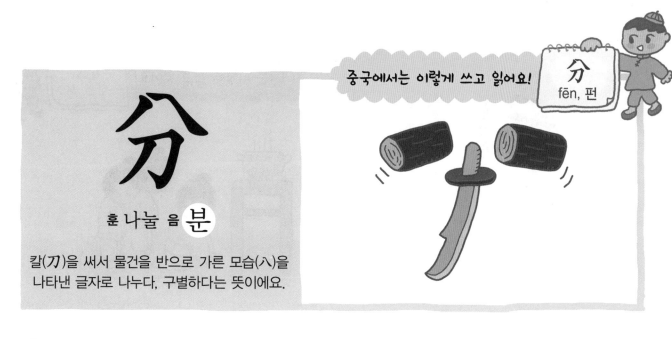

훈 나눌 음 분

칼(刀)을 써서 물건을 반으로 가른 모습(八)을 나타낸 글자로 나누다, 구별하다는 뜻이에요.

중국에서는 이렇게 쓰고 읽어요!

分
fēn, 펀

 필순에 따라 훈과 음을 말하며 써 보세요!

부수: 刀(칼 도)

필순: ノ 八 今 分 (총 4획)

分	分	分						
나눌 분	나눌 분	나눌 분						

 分은 이렇게 쓰여요!

우리 학교는 외딴섬에  분교를 세웠습니다.

分 校 [8급]
나눌 분 학교 교

먼저 지난 시간에 배운  분수와 소수의 개념을 복습하겠습니다.

分 數 [7급]
나눌 분 셈 수

중국에서는 이렇게 쓰고 읽어요!
社 shè, 셔

훈 모일 음 사

땅(土)의 신에게 제사를 지내기 위해
제단(示) 앞에 사람들이 많이 모였다는 데서
모이다, 단체, 사회의 뜻이 되었어요.

 필순에 따라 훈과 음을 말하며 써 보세요!

부수: 示 (보일 시)

필순: 一 二 千 示 示 礻 礻 社 社 (총 8획)

社	社	社							
모일 사	모일 사	모일 사							

社는 이렇게 쓰여요!

새로 오신  사장님의 취임식이 진행될 예정입니다.

社 長
모일 사 어른 장
8급

현대  사회의 다양한 문제를 생각해 봅시다.

社 會
모일 사 모일 회
6급

중국에서는 이렇게 쓰고 읽어요!

使
shǐ, 스

使

훈 하여금/부릴 음 **사**

원래는 제사를 주관하던 사관을 의미하다가
윗사람(亻)이 아랫사람(吏)에게 일을 시킨다는
데서 시키다, 부리다는 뜻이 되었어요.

 필순에 따라 훈과 음을 말하며 써 보세요!

부수: 亻 (사람인변)

필순: 丿 亻 亻 仁 仨 佢 使 使 (총 8획)

使	使	使							
하여금 사	하여금 사	하여금 사							

 使는 이렇게 쓰여요!

이번에 출국하는 외교 사절단은 특별한

使 命
하여금 사 목숨 명

[7급]

사명을
받았습니다.

※使命(사명): 맡겨진 임무.

일회용품의

使 用
부릴 사 쓸 용

[6급]

사용을 줄이는 것은 우리가 할 수 있는
환경 보호 중 하나입니다.

중국에서는 이렇게 쓰고 읽어요!

死
sǐ, 스

死

훈 죽을 음 **사**

뼈(歹), 즉 시신 옆에서 애도하는 사람(匕)을 나타낸 글자로 죽다를 뜻해요.

 필순에 따라 훈과 음을 말하며 써 보세요!

부수: 歹 (죽을사변)

필순: 一 ア 歹 歹 歼 死 (총 6획)

死	死	死						
죽을 사	죽을 사	죽을 사						

死는 이렇게 쓰여요!

무슨 소식을 들었기에 얼굴이 그렇게

死	色
죽을 사	빛 색

7급

사색이 되었니?

※死色(사색): 죽은 사람처럼 창백한 얼굴빛.

육이오 전쟁의

戰	死	者
싸움 전	죽을 사	놈 자

6급　　6급

전사자 유해 발굴 사업을 지속해야 합니다.

※戰死者(전사자): 전쟁터에서 적과 싸우다 죽은 사람.

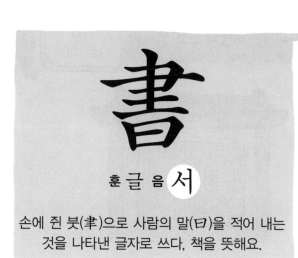

書

훈글 음 서

손에 쥔 붓(聿)으로 사람의 말(曰)을 적어 내는 것을 나타낸 글자로 쓰다, 책을 뜻해요.

중국에서는 이렇게 쓰고 읽어요!

书
shū, 슈

 필순에 따라 훈과 음을 말하며 써 보세요!

부수: 曰 (가로 왈)

필순: ㄱ ㄱ ㄱ ㅋ 클 聿 聿 書 書 書 (총 10획)

書	書	書					
글 서	글 서	글 서					

書는 이렇게 쓰여요!

새 학년이 되어 새

教 [8급] 科 [6급] 書

가르칠 교　과목 과　글 서

교과서를 받았습니다.

각자 학급 문고용

圖 [6급] 書

그림 도　글 서

도서를 1권씩 가져오기로 했어요.

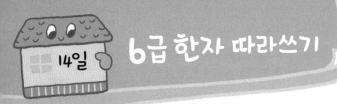

훈 **자리** 음 **석**

바닥에 까는 돗자리(巾)를 집 안(广)에 둔
모양에서 자리를 뜻하게 되었어요.

중국에서는 이렇게 쓰고 읽어요!
席
xí, 시

 필순에 따라 훈과 음을 말하며 써 보세요!

부수: 巾 (수건 건)

필순: ﾞ ﾞ 广 广 产 庐 庐 庐 席 席 (총 10획)

席	席	席						
자리 석	자리 석	자리 석						

 席은 이렇게 쓰여요!

추석 연휴라서 남은 좌석이

7급
立 席
설 립　자리 석

입석뿐입니다.

※立席(입석): 지정된 자리가 없어
서서 타거나 구경하는 자리.

선생님은

7급
出 席
날 출　자리 석

출석을 부르며 학생들과 인사합니다.

106

石

훈 돌 음 **석**

산기슭(厂) 아래에 떨어져 있는
돌(口)의 모양을 본떠 만든 글자예요.

 필순에 따라 훈과 음을 말하며 써 보세요!

부수: 石 (돌 석)

필순: ⼀ ⼁ ⼂ 石 石 (총 5획)

石	石	石						
돌 석	돌 석	돌 석						

石은 이렇게 쓰여요!

돌 석 · 기름 유

석유는 쓸 수 있는 양이 한정된 자원입니다.

석가탑에는 옛  석공들의 예술혼이 담겨 있어요.

돌 석 · 장인 공

※石工(석공): 돌을 다루어 물건을 만드는 사람.

107

1. 다음 밑줄 친 漢字語(한자어)의 讀音(독음: 한자의 음)을 쓰세요.

보기
漢字 → 한자

(1) 같은 사고를 막으려면 根本적인 해결책을 찾아야 합니다. (　　　　　)

(2) 各部 장관들의 답변을 듣겠습니다. (　　　　　)

(3) 읽을 책과 버릴 책을 區分해서 나눠 놓으세요. (　　　　　)

(4) 박 과장은 파견 근무를 마치고 本社로 복귀했습니다. (　　　　　)

(5) 이번 보고서는 書面으로 제출하세요. (　　　　　)

(6) 空席이 생기면 바로 연락 주십시오. (　　　　　)

2. 다음 漢字(한자)의 訓(훈: 뜻)과 音(음: 소리)을 쓰세요.

보기
字 → 글자 자

(1) 服 (　　　　　)　　　(2) 死 (　　　　　)

(3) 待 (　　　　　)　　　(4) 場 (　　　　　)

(5) 本 (　　　　　)　　　(6) 書 (　　　　　)

(7) 使 (　　　　　)　　　(8) 然 (　　　　　)

(9) 問 (　　　　　)　　　(10) 石 (　　　　　)

3. 다음 밑줄 친 漢字語(한자어)를 漢字(한자)로 쓰세요.

보기   한자 → 漢字

⑴ 3년의 공백을 깨고 신곡을 발표했습니다.   (　　　　　)

⑵ 이 길은 차도와 인도의 구분이 없어 위험합니다.   (　　　　　)

⑶ 전화를 받자마자 만사를 제쳐 놓고 뛰어갔습니다.   (　　　　　)

⑷ 그 집은 효성이 지극한 딸이 노모를 모시고 살아요.   (　　　　　)

⑸ 가상 공간 속으로 여행을 떠나 봅시다.   (　　　　　)

⑹ 부모님이 살아 계실 때 효도합시다.   (　　　　　)

4. 다음 漢字(한자)와 音(음: 소리)은 같으나 訓(훈: 뜻)이 다른 漢字(한자)를 고르세요.

⑴ 社 :   ① 五   ② 心   ③ 內   ④ 事

⑵ 石 :   ① 綠   ② 夕   ③ 李   ④ 明

5. 다음 漢字(한자)와 뜻이 반대(또는 상대)되는 漢字(한자)를 고르세요.

⑴ 死 :   ① 韓   ② 本   ③ 活   ④ 百

⑵ 東 :   ① 西   ② 目   ③ 童   ④ 別

⑶ 民 :   ① 明   ② 王   ③ 登   ④ 半

⑷ 父 :   ① 出   ② 電   ③ 安   ④ 母

6. 다음 뜻에 맞는 漢字語(한자어)를 〈보기〉에서 찾아 그 번호를 쓰세요.

보기   ① 世界   ② 古物   ③ 本色   ④ 分明   ⑤ 苦生   ⑥ 強力

(1) 틀림없이 확실하게.　　　(　　　　　)

(2) 본디의 빛깔이나 생김새.　(　　　　　)

7. 다음 사자성어의 ( ) 안에 알맞은 漢字(한자)를 〈보기〉에서 찾아 그 번호를 쓰세요.

보기   ① 書   ② 高   ③ 有   ④ 外   ⑤ 口   ⑥ 果   ⑦ 死   ⑧ 學

(1) 生(　　　)苦樂 : 삶과 죽음, 괴로움과 즐거움을 통틀어 이르는 말.

(2) 白面(　　　)生 : 글공부만 하고 세상일에는 전혀 경험이 없는 사람.

8. 다음 漢字(한자)에서 진하게 표시한 획은 몇 번째 쓰는 획인지 〈보기〉에서 찾아 그 번호를 쓰세요.

보기   ① 첫 번째   ② 두 번째   ③ 세 번째   ④ 네 번째   ⑤ 다섯 번째
　　　 ⑥ 여섯 번째   ⑦ 일곱 번째   ⑧ 여덟 번째   ⑨ 아홉 번째   ⑩ 열 번째

(1) 服 (　　　　)　　　(2) 級 (　　　　　)

중국에서는 이렇게 쓰고 읽어요!

线
xiàn, 시엔

線

훈 줄 음 선

솟아오른 샘물(泉)이 실(糸)처럼
길게 이어지는 모습을 나타낸 글자예요.

 필순에 따라 훈과 음을 말하며 써 보세요!

부수: 糸 (실 사)

필순: ⟋ ⟍ ⟋ ⟍ ⟋ 糸 糸 糺 紒 綇 綇 綇 線 線 線 (총 15획)

線	線	線						
줄 선	줄 선	줄 선						

 線은 이렇게 쓰여요!

집게

 전선으로 전구와 전지를 연결해 봅시다.

電	線
번개 전	줄 선

선분과

 직선의 차이를 설명해 보세요.

直	線
곧을 직	줄 선

112

중국에서는 이렇게 쓰고 읽어요!

雪
xuě, 쉬에

雪

훈 눈 음 설

비(雨)처럼 내리는 것 중에 빗자루(彗)로 쓸 수 있는 눈을 의미하는 글자예요.

 필순에 따라 훈과 음을 말하며 써 보세요!

부수: 雨(비 우)

필순: 一 厂 厂 帀 帀 帀 雨 雨 雩 雪 雪 (총 11획)

雪	雪	雪					
눈 설	눈 설	눈 설					

 雪은 이렇게 쓰여요!

겨울 여행 계획을 세울 때,

雪	景
눈 설	볕 경

5급

설경 구경은 빼놓을 수 없습니다.

기상청은

大	雪
큰 대	눈 설

8급

대설 주의보를 발령했습니다.

113

중국에서는 이렇게 쓰고 읽어요!

成
chéng, 청

成

훈 이룰 음 성

창(戈)에 못(丁)이 더해진 글자로 평정하다는
뜻이었다가 적을 굴복시키고 일을 끝냈다는
의미로 이루다, 완성하다는 뜻도 생겼어요.

 필순에 따라 훈과 음을 말하며 써 보세요!

부수: 戈 (창 과)							
필순: ノ 厂 厂 尺 成 成 成 (총 7획)							
成	成	成					
이룰 성	이룰 성	이룰 성					

 成은 이렇게 쓰여요!

마을버스 요금이  성인 기준으로 200원 올랐습니다.

成人 [8급]
이룰 성 | 사람 인

책을 많이 읽으면 마음의 크기가 부쩍  성장할 것입니다.

成長 [8급]
이룰 성 | 어른 장

중국에서는 이렇게 쓰고 읽어요!

省
shěng, 셩 | xǐng, 싱

省

훈 살필 음 성 | 훈 덜 음 생

작은 것(少)을 본다(目)는 의미에서 살피다 또는 少 자를 글자의 한 부분으로 보아 덜다는 뜻이에요.

 필순에 따라 훈과 음을 말하며 써 보세요!

부수: 目 (눈 목)

필순: ⼃ ⼁ ⼩ ⼩ 少 少 省 省 省 (총 9획)

省	省	省						
살필 성	살필 성	살필 성						

 省은 이렇게 쓰여요!

저녁마다 일기를 쓰며 하루를  반성합니다.

反省
돌이킬 반 | 살필 성

이야기 사이에  생략된 문장을 짐작해 봅시다.

省略
덜 생 | 간략할 략

115

중국에서는 이렇게 쓰고 읽어요!

消
xiāo, 시아오

消

훈 사라질 음 소

물(氵)이 수증기로 바뀌어
사라지는(肖) 것을 나타낸 글자예요.

 필순에 따라 훈과 음을 말하며 써 보세요!

부수: 氵 (삼수변)
필순: ` 冫 氵 氵 氵 氵 氵 消 消 消 (총 10획)

消	消	消							
사라질 소	사라질 소	사라질 소							

 消는 이렇게 쓰여요!

소방관들의 빠른 대처로 불은 금세

消	火
사라질 소	불 화

소화되었습니다.

할머니는

消	日
사라질 소	날 일

소일로 텃밭을 가꾸십니다.

※消日(소일): 어떠한 것에 재미를 붙여
심심하지 아니하게 세월을 보냄.

중국에서는 이렇게 쓰고 읽어요!

速
sù, 쑤

훈 빠를 음 **속**

발길을 재촉(辶)하기 위해
나뭇단을 꼭 묶은(束) 모습에서
빠르다는 뜻을 나타내요.

 필순에 따라 훈과 음을 말하며 써 보세요!

부수: 辶 (책받침)

필순: 一 一 一 一 一 一 一 一 一 一 一 一 一 (총 11획)

速	速	速						
빠를 속	빠를 속	빠를 속						

 速은 이렇게 쓰여요!

물은 주변 공기가 건조할수록 증발하는

속도가
빨라집니다.

주어진 거리와 시간을 이용해서 자동차의

속력을
구해 봅시다.

孫

훈 손자 음 **손**

자식(子)이 계속 이어진다(系)는 데서
손자를 뜻해요.

 필순에 따라 훈과 음을 말하며 써 보세요!

부수: 子 (아들 자)

필순: ⺈ 了 子 孑 孑 孑 孫 孫 孫 孫 (총 10획)

孫	孫	孫							
손자 손	손자 손	손자 손							

 孫은 이렇게 쓰여요!

할아버지가  손자와  손녀를 반갑게
맞았어요.

지구의 자연은 잘 보전하여  후손 대대로 물려줘야 합니다.

훈 나무 음 수

그릇(효)에 나무를 심는 손(寸)의 모습을 본뜬 글자로 세우다라는 뜻이었다가 木 자가 더해지면서 나무, 심다의 뜻도 포함해요.

중국에서는 이렇게 쓰고 읽어요!

树
shù, 슈

 필순에 따라 훈과 음을 말하며 써 보세요!

부수: 木 (나무 목)

필순: 一 十 才 才 术 杧 枮 柑 桔 桂 梅 桂 桂 桂 樹 樹 (총 16획)

樹	樹	樹					
나무 수	나무 수	나무 수					

 樹는 이렇게 쓰여요!

오늘은 아파트에 심은  수목들을 소독하는 날입니다.

8급
樹 木
나무 수 │ 나무 목

4월 11일은 대한민국 임시 정부  수립 기념일입니다.

7급
樹 立
나무 수 │ 설 립

※樹立(수립): 국가나 정부, 제도, 계획 따위를 이룩하여 세움.

術

훈 재주 음 술

뜻을 가진 글자(行)와 발음 역할의 글자(朮)가
합쳐져 재주, 꾀 또는 길을 뜻해요.

중국에서는 이렇게 쓰고 읽어요!

术
shù, 슈

 필순에 따라 훈과 음을 말하며 써 보세요!

부수: 行(다닐 행)

필순: ' ' ' ' ' ' ' ' ' ' 術 術 術 (총 11획)

術	術	術					
재주 술	재주 술	재주 술					

 術은 이렇게 쓰여요!

거북이는 그만 토끼의

術	數 (7급)
재주 술	셈 수

술수에 넘어갔어요.

※術數(술수): 어떤 일을 꾸미는 꾀나 방법.

心 (7급)	術
마음 심	재주 술

심술 가득한 놀부는 결국 빈털터리가 되고 말았습니다.

중국에서는 이렇게 쓰고 읽어요!

習
xí, 시

習

훈 익힐 음 **습**

태양 위로 높게 날아오른 새를 표현한 글자로
하늘을 날기까지 수없이 연습을 한 것에서
익히다는 뜻이 되었어요.

 필순에 따라 훈과 음을 말하며 써 보세요!

부수: 羽(깃 우)

필순: ㄱ ㄱ ㄱ 캐 캐 캐 캐 캐 캐 캐 캐 (총 11획)

習	習	習						
익힐 습	익힐 습	익힐 습						

 習은 이렇게 쓰여요!

이번 시간은 각자  자습하세요.

自 ^{7급} 習
스스로 자 | 익힐 습

우리 민족의 전통과  풍습에 대해 알아봅시다.

風 ^{6급} 習
바람 풍 | 익힐 습

※風習(풍습): 풍속과 습관을 아울러 이르는 말.

1. 다음 밑줄 친 漢字語(한자어)의 讀音(독음: 한자의 음)을 쓰세요.

보기　　　　　　　　　　　　　　漢字 → 한자

(1) 지하철역으로 가는 새 버스 路線이 생겼습니다.　　　（　　　　　　）

(2) 동생에게 동화《白雪 공주》를 읽어 주었습니다.　　　（　　　　　　）

(3) 여러분의 成功을 빕니다.　　　（　　　　　　）

(4) 지난 잘못에 대한 自省의 목소리가 높아지고 있습니다.　（　　　　　　）

(5) 速讀으로 대강의 내용을 먼저 파악합니다.　　　（　　　　　　）

(6) 어머니의 手術이 끝나기를 기다리고 있습니다.　　　（　　　　　　）

2. 다음 漢字(한자)의 訓(훈: 뜻)과 音(음: 소리)을 쓰세요.

보기　　　　　　　　　　　　　　字 → 글자 자

(1) 消　（　　　　　）　　　(2) 交　（　　　　　）

(3) 孫　（　　　　　）　　　(4) 家　（　　　　　）

(5) 樹　（　　　　　）　　　(6) 老　（　　　　　）

(7) 習　（　　　　　）　　　(8) 共　（　　　　　）

(9) 線　（　　　　　）　　　(10) 多　（　　　　　）

3. 다음 밑줄 친 漢字語(한자어)를 漢字(한자)로 쓰세요.

보기

한자 → 漢字

(1) 오랜 가뭄으로 식수 부족이 심각합니다.　　(　　　　　)

(2) 용의자가 범죄를 자백했습니다.　　（　　　　　）

(3) 답안지의 성명란에 이름을 꼭 기입하세요.　　（　　　　　）

(4) 문을 엶과 동시에 사람이 들어왔습니다.　　（　　　　　）

(5) 선거에서 마을 이장님을 새로 선출했습니다.　　（　　　　　）

(6) 우리 학교의 교화는 개나리입니다.　　（　　　　　）

4. 다음 漢字(한자)와 音(음: 소리)은 같으나 訓(훈: 뜻)이 다른 漢字(한자)를 고르세요.

(1) 成 :　① 姓　　② 工　　③ 洞　　④ 歌

(2) 數 :　① 字　　② 習　　③ 樹　　④ 事

5. 다음 漢字(한자)와 뜻이 같거나 비슷한 漢字(한자)를 고르세요.

(1) 本 :　① 郡　　② 間　　③ 語　　④ 根

(2) 文 :　① 食　　② 書　　③ 對　　④ 苦

(3) 急 :　① 所　　② 速　　③ 級　　④ 今

(4) 木 :　① 樹　　② 韓　　③ 同　　④ 校

6. 다음 뜻에 맞는 漢字語(한자어)를 〈보기〉에서 찾아 그 번호를 쓰세요.

> 보기   ① 今方   ② 中級   ③ 速成   ④ 年度   ⑤ 成果   ⑥ 多讀

(1) 이루어 낸 결실.　　　　　　　　(　　　　　　　)

(2) 빨리 이루어짐. 또는 빨리 깨침.　(　　　　　　　)

7. 다음 사자성어의 ( ) 안에 알맞은 漢字(한자)를 〈보기〉에서 찾아 그 번호를 쓰세요.

> 보기   ① 內 ② 重 ③ 草 ④ 公 ⑤ 川 ⑥ 光 ⑦ 成 ⑧ 代

(1) 門前(　　　)市 : 찾아오는 사람이 많아 집 문 앞이 시장을 이루다시피 함.

(2) 子孫萬(　　　) : 오래도록 내려오는 여러 대.

8. 다음 漢字(한자)에서 진하게 표시한 획은 몇 번째 쓰는 획인지 〈보기〉에서 찾아 그 번호를 쓰세요.

> 보기   ① 첫 번째   ② 두 번째   ③ 세 번째   ④ 네 번째   ⑤ 다섯 번째
>   ⑥ 여섯 번째 ⑦ 일곱 번째 ⑧ 여덟 번째 ⑨ 아홉 번째 ⑩ 열 번째

(1) 孫 (　　　　　)　　　(2) 安 (　　　　　)

- 家內工業(가내공업) 집 안에서 단순한 기술과 도구로 어떤 물건을 만들어 내는 규모가 작은 수공업.
- 家庭敎育(가정교육) 가정의 일상생활 가운데 집안 어른들이 자녀들에게 주는 영향이나 가르침.
- 各人各色(각인각색) 사람마다 각기 다름.
- 各自圖生(각자도생) 제각기 살아 나갈 방법을 꾀함.
- 高等動物(고등동물) 복잡한 체제를 갖춘 동물. 보통 척추동물을 이르는 말.
- 高速道路(고속도로) 차의 빠른 통행을 위하여 만든 차 전용의 도로.
- 公明正大(공명정대) 하는 일이나 태도가 사사로움이나 그릇됨이 없이 아주 정당하고 떳떳함.
- 九死一生(구사일생) 죽을 고비를 여러 차례 넘기고 겨우 살아남을 이르는 말.
- 南男北女(남남북녀) 우리나라에서 남자는 남쪽 지방 사람이 잘나고 여자는 북쪽 지방 사람이 고움을 이르는 말.
- 男女老少(남녀노소) 남자와 여자, 늙은이와 젊은이란 뜻으로, 모든 사람을 이르는 말.
- 代代孫孫(대대손손) 오래도록 내려오는 여러 대.
- 大明天地(대명천지) 아주 환하게 밝은 세상.
- 大韓民國(대한민국) 우리나라의 공식적인 명칭.
- 同苦同樂(동고동락) 괴로움도 즐거움도 함께함.
- 東問西答(동문서답) 물음과는 전혀 상관없는 엉뚱한 대답.
- 同生共死(동생공사) 서로 같이 살고 같이 죽음.
- 東西古今(동서고금) 동양과 서양, 옛날과 지금을 통틀어 이르는 말로 언제 어디서나를 비유함.
- 同姓同本(동성동본) 성과 본관이 모두 같음.
- 同時多發(동시다발) 같은 시기에 여러 가지가 발생함.
- 萬國信號(만국신호) 배와 배 사이 또는 배와 육지 사이의 연락을 위하여 국제적으로 쓰는 신호.
- 萬里長天(만리장천) 아득히 높고 먼 하늘.
- 明明白白(명명백백) 의심할 여지가 없이 아주 뚜렷함.
- 名山大川(명산대천) 이름난 산과 큰 내. 경치가 좋고 아름다운 산천을 의미함.

- 門前成市(문전성시) 찾아오는 사람이 많아 집 문 앞이 시장을 이루다시피 함.
- 百年大計(백년대계) 먼 앞날까지 미리 내다보고 세우는 크고 중요한 계획.
- 百萬長者(백만장자) 재산이 매우 많은 사람. 또는 아주 큰 부자.
- 白面書生(백면서생) 글공부만 하고 세상일에는 전혀 경험이 없는 사람.
- 百發百中(백발백중) 백 번 쏘아 백 번 맞힌다는 뜻으로, 무슨 일이든 틀림없이 잘 들어맞음을 이르는 말.
- 白衣民族(백의민족) 예로부터 우리 민족이 흰옷을 즐겨 입은 데서 유래한 것으로 한민족을 이르는 말.
- 百戰百勝(백전백승) 백 번을 싸우면 백 번을 이김. 즉 싸울 때마다 다 이김.
- 別有天地(별유천지) 특별히 경치가 좋거나 분위기가 좋은 곳. 별세계.
- 父母兄弟(부모형제) 아버지, 어머니, 형, 아우라는 뜻으로, 가족을 이르는 말.
- 父子有親(부자유친) 아버지와 아들 사이의 도리는 친애(친밀히 사랑함)에 있음을 이르는 말.
- 不老長生(불로장생) 늙지 아니하고 오래 삶.
- 不遠千里(불원천리) 천 리 길도 멀다고 여기지 않는다는 뜻으로, 먼 길인데도 개의치 않고 열심히 달려감을 이르는 말.
- 四面春風(사면춘풍) 누구에게나 좋게 대하는 일. 또는 그런 사람을 비유적으로 이르는 말.
- 四方八方(사방팔방) 여기저기 모든 방향이나 방면.
- 四海兄弟(사해형제) 온 세상 사람이 모두 형제와 같다는 뜻으로, 친밀함을 이르는 말.
- 山戰水戰(산전수전) 산에서도 싸우고 물에서도 싸웠다는 뜻으로, 세상의 온갖 고생과 어려움을 다 겪었음을 이르는 말.
- 山川草木(산천초목) 산과 내, 풀, 나무라는 뜻으로, 자연을 이르는 말.
- 三三五五(삼삼오오) 서너 사람 또는 대여섯 사람이 떼를 지어 다니거나 무슨 일을 함. 또는 그런 모양.
- 三十六計(삼십육계) 서른여섯 가지의 꾀라는 뜻으로, 많은 꾀를 이르는 말.
- 上下左右(상하좌우) 위와 아래, 왼쪽과 오른쪽을 아울러 이르는 말.
- 生年月日(생년월일) 태어난 해와 달과 날.

- 生老病死(생로병사) 사람이 겪는 태어나고, 늙고, 병들고, 죽는 네 가지 고통.
- 生死苦樂(생사고락) 삶과 죽음, 괴로움과 즐거움을 통틀어 이르는 말.
- 世界平和(세계평화) 전 세계가 분쟁과 다툼 없이 서로 이해하고 우호적이며 조화를 이루는 상태.
- 時間問題(시간문제) 이미 결과가 뻔하여 조만간 이루어질 일.
- 市民社會(시민사회) 신분적 구속에 지배되지 않으며, 자유롭고 평등한 개인의 이성적 결합으로 이루어진 사회.
- 新聞記者(신문기자) 신문에 실을 자료를 수집, 취재, 집필, 편집하는 사람.
- 十中八九(십중팔구) 열 가운데 여덟이나 아홉 정도로 거의 대부분이거나 거의 틀림없음.
- 愛國愛族(애국애족) 자기 나라와 겨레를 사랑함.
- 夜光明月(야광명월) 밤에 밝게 빛나는 달.
- 野生動物(야생동물) 산이나 들에서 태어나 살아가는 동물.
- 年中行事(연중행사) 해마다 일정한 시기를 정하여 놓고 하는 행사.
- 樂山樂水(요산요수) 산과 물이 있는 자연을 즐기고 좋아함.
- 二八青春(이팔청춘) 열여섯 살 무렵의 꽃다운 청춘. 또는 혈기 왕성한 젊은 시절.
- 人命在天(인명재천) 사람의 목숨은 하늘에 달려 있다는 뜻으로, 목숨의 길고 짧음은 사람의 힘으로 어쩔 수 없음을 이르는 말.
- 人事不省(인사불성) 자기 몸에 일어난 일을 모를 만큼 정신을 잃은 상태. 또는 사람으로서의 예절을 차릴 줄 모름.
- 人山人海(인산인해) 사람이 산과 바다를 이루었다는 뜻으로, 사람이 수없이 많이 모인 상태.
- 人海戰術(인해전술) 우수한 무기보다 다수의 병력으로 적을 압도하는 전술.
- 一口二言(일구이언) 한 입으로 두말을 한다는 뜻으로, 한 가지 일에 대하여 말을 이랬다저랬다 함을 이르는 말.
- 一問一答(일문일답) 한 번 물음에 대하여 한 번 대답함.
- 一長一短(일장일단) 장점도 있고 단점도 있음.
- 一朝一夕(일조일석) 하루의 아침과 하루의 저녁이란 뜻으로, 짧은 시일을 이르는 말.
- 自問自答(자문자답) 스스로 묻고 스스로 대답함.

- 自生植物(자생식물) 산이나 들, 강이나 바다에서 저절로 나는 식물.
- 子孫萬代(자손만대) 오래도록 내려오는 여러 대.
- 自手成家(자수성가) 물려받은 재산이 없이 자기 혼자의 힘으로 집안을 일으키고 재산을 모음.
- 作心三日(작심삼일) 단단히 먹은 마음이 사흘을 가지 못한다는 뜻으로, 결심이 굳지 못함.
- 電光石火(전광석화) 번갯불이나 부싯돌의 불이 번쩍거리는 것과 같이 매우 짧은 시간이나
  매우 재빠른 움직임 따위를 비유적으로 이르는 말.
- 全心全力(전심전력) 온 마음과 온 힘.
- 晝夜長川(주야장천) 밤낮으로 쉬지 아니하고 연달아.
- 地上天國(지상천국) 몸과 마음이 모두 완전하여 다시없이 자유롭고 풍족하며 행복한 세상.
- 千萬多幸(천만다행) 아주 다행함.
- 天下第一(천하제일) 세상에 견줄 만한 것이 없이 최고임.
- 靑天白日(청천백일) 하늘이 맑게 갠 대낮. 또는 맑은 하늘에 뜬 해.
- 淸風明月(청풍명월) 맑은 바람과 밝은 달.
- 草綠同色(초록동색) 풀빛과 녹색은 같은 색이라는 뜻으로, 비슷한 사람끼리 어울린다는 말.
- 草食動物(초식동물) 식물을 주로 먹고 사는 동물.
- 春夏秋冬(춘하추동) 봄·여름·가을·겨울의 네 계절.
- 土木工事(토목공사) 길을 만들거나 철도를 놓는 것처럼 땅과 하천 따위를 필요에 따라 고쳐
  만드는 공사.
- 八道江山(팔도강산) 팔도의 강산이라는 뜻으로, 우리나라 전체의 강산을 이르는 말.
- 八方美人(팔방미인) 어느 모로 보나 아름다운 사람. 여러 방면에 능통한 사람을 비유하는 말.
- 下等動物(하등동물) 진화 단계를 덜 거쳐 몸의 구조가 단순한 원시적인 동물.
- 行方不明(행방불명) 간 곳이나 방향을 모름.
- 形形色色(형형색색) 형상과 빛깔 따위가 서로 다른 여러 가지.
- 花朝月夕(화조월석) 꽃 피는 아침과 달 밝은 밤이라는 뜻으로, 경치가 좋은 시절을 이르는 말.
- 訓民正音(훈민정음) 백성을 가르치는 바른 소리라는 뜻으로, 1443년에 세종 대왕이 만든
  우리나라 글자.

반의어(상대어): 뜻이 반대·대비되는 한자어

江(강 강) ⟷ 山(메 산)

強(강할 강) ⟷ 弱(약할 약)

古(예 고) ⟷ 今(이제 금)

苦(쓸 고) ⟷ 樂(즐길 락)

敎(가르칠 교) ⟷ 學(배울 학)

南(남녘 남) ⟷ 北(북녘 북)

男(사내 남) ⟷ 女(계집 녀)

內(안 내) ⟷ 外(바깥 외)

多(많을 다) ⟷ 少(적을 소)

大(큰 대) ⟷ 小(작을 소)

東(동녘 동) ⟷ 西(서녘 서)

老(늙을 로) ⟷ 少(젊을 소)

問(물을 문) ⟷ 答(대답 답)

父(아비 부) ⟷ 母(어미 모)

山(메 산) ⟷ 川(내 천)

山(메 산) ⟷ 海(바다 해)

上(윗 상) ⟷ 下(아래 하)

先(먼저 선) ⟷ 後(뒤 후)

水(물 수) ⟷ 火(불 화)

手(손 수) ⟷ 足(발 족)

心(마음 심) ⟷ 身(몸 신)

心(마음 심) ⟷ 體(몸 체)

日(날 일) ⟷ 月(달 월)

長(긴 장) ⟷ 短(짧을 단)

前(앞 전) ⟷ 後(뒤 후)

正(바를 정) ⟷ 反(돌이킬 반)

祖(할아비 조) ⟷ 孫(손자 손)

朝(아침 조) ⟷ 夕(저녁 석)

左(왼 좌) ⟷ 右(오른 우)

晝(낮 주) ⟷ 夜(밤 야)

天(하늘 천) ⟷ 地(땅 지)

春(봄 춘) ⟷ 秋(가을 추)

出(날 출) ⟷ 入(들 입)

夏(여름 하) ⟷ 冬(겨울 동)

兄(형 형) ⟷ 弟(아우 제)

和(화할 화) ⟷ 戰(싸움 전)

強大(강대) ⟷ 弱小(약소)

古人(고인) ⟷ 今人(금인)

校外(교외) ⟷ 校內(교내)

口語(구어) ⟷ 文語(문어)

國內(국내) ⟷ 國外(국외)

近海(근해) ⟷ 遠洋(원양)

男子(남자) ⟷ 女子(여자)

內部(내부) ⟷ 外部(외부)

內向(내향) ⟷ 外向(외향)

多數(다수) ⟷ 少數(소수)

大路(대로) ⟷ 小路(소로)

同苦(동고) ⟷ 同樂(동락)

登山(등산) ⟷ 下山(하산)

母親(모친) ⟷ 父親(부친)

放火(방화) ⟷ 消火(소화)

北上(북상) ⟷ 南下(남하)

不運(불운) ⟷ 幸運(행운)

不和(불화) ⟷ 親和(친화)

死後(사후) ⟷ 生前(생전)

上午(상오) ⟷ 下午(하오)

先發(선발) ←→ 後發(후발)

小國(소국) ←→ 大國(대국)

手動(수동) ←→ 自動(자동)

市外(시외) ←→ 市內(시내)

食前(식전) ←→ 食後(식후)

夜間(야간) ←→ 晝間(주간)

年上(연상) ←→ 年下(연하)

入口(입구) ←→ 出口(출구)

子正(자정) ←→ 正午(정오)

場內(장내) ←→ 場外(장외)

在野(재야) ←→ 在朝(재조)

地下(지하) ←→ 地上(지상)

體內(체내) ←→ 體外(체외)

出所(출소) ←→ 入所(입소)

便利(편리) ←→ 不便(불편)

下級(하급) ←→ 上級(상급)

後代(후대) ←→ 先代(선대)

訓讀(훈독) ←→ 音讀(음독)

24~26쪽

1. (1) 각목 (2) 색감 (3) 생계
   (4) 입경 (5) 각지 (6) 외계인

2. (1) 예 고 (2) 저녁 석 (3) 지경 계
   (4) 열 개 (5) 강할 강 (6) 느낄 감
   (7) 서울 경 (8) 한가지 동 (9) 바 소
   (10) 높을 고

3. (1) 時間 (2) 地下 (3) 自國
   (4) 天然 (5) 花草 (6) 山林

4. (1) ③ (2) ④

5. (1) ② (2) ③ (3) ① (4) ④

6. (1) ① (2) ④

7. (1) ① (2) ③

8. (1) ⑤ (2) ⑧

38~40쪽

1. (1) 지구 (2) 공공 (3) 구장
   (4) 과연 (5) 내과 (6) 고생

2. (1) 빛 광 (2) 공 공 (3) 올 래
   (4) 실과 과 (5) 공 구 (6) 번개 전
   (7) 성 성 (8) 말씀 화 (9) 사귈 교
   (10) 쓸 고

3. (1) 便安 (2) 來年 (3) 所重
   (4) 下車 (5) 不足 (6) 教育

4. (1) ② (2) ④

5. (1) ① (2) ④ (3) ② (4) ②

6. (1) ④ (2) ⑤

7. (1) ③ (2) ⑥

8. (1) ⑨ (2) ⑤

52~54쪽

1. (1) 구근 (2) 단시간 (3) 화급
   (4) 중급 (5) 고대 (6) 다방면

2. (1) 고을 군 (2) 짧을 단 (3) 살 활
   (4) 온전 전 (5) 기를 육 (6) 집 당
   (7) 셈 수 (8) 가까울 근 (9) 뿌리 근
   (10) 급할 급

3. (1) 南北 (2) 手足 (3) 四寸
   (4) 入口 (5) 每月 (6) 午前

4. (1) ① (2) ④

5. (1) ③ (2) ④ (3) ② (4) ②

6. (1) ① (2) ④

7. (1) ④ (2) ⑤

8. (1) ① (2) ⑧

66~68쪽

1. (1) 강도 (2) 다독 (3) 대화
   (4) 도면 (5) 고등 (6) 국악

2. (1) 일만 만 (2) 기다릴 대 (3) 물건 물
   (4) 아이 동 (5) 셈 산 (6) 머리 두
   (7) 대할 대 (8) 법식 례 (9) 심을 식
   (10) 읽을 독 | 구절 두

3. (1) 空氣 (2) 植物 (3) 歌手
   (4) 農民 (5) 電氣 (6) 便紙

4. (1) ② (2) ③

5. (1) ① (2) ② (3) ④ (4) ①

6. (1) ⑤ (2) ⑥

7. (1) ① (2) ⑧

8. (1) ⑨ (2) ⑧

80~82쪽

1. (1) 답례　　(2) 등산로　　(3) 불리
　　(4) 심리　　(5) 문명　　(6) 소문

2. (1) 푸를 록　　(2) 아름다울 미　　(3) 학교 교
　　(4) 움직일 동　　(5) 이할 리　　(6) 일백 백
　　(7) 농사 농　　(8) 때 시　　(9) 예도 례
　　(10) 오얏/성 리

3. (1) 正直　　(2) 青春　　(3) 休學
　　(4) 自然　　(5) 先後　　(6) 人工

4. (1) ③　　(2) ①

5. (1) ④　　(2) ②　　(3) ②　　(4) ④

6. (1) ③　　(2) ①

7. (1) ⑤　　(2) ②

8. (1) ⑧　　(2) ⑥

94~96쪽

1. (1) 방심　　(2) 반백　　(3) 반감
　　(4) 반별　　(5) 개발　　(6) 발병

2. (1) 쌀 미　　(2) 살 주　　(3) 법식 례
　　(4) 성/순박할 박　　(5) 놓을 방　　(6) 밥/먹을 식
　　(7) 차례 번　　(8) 여름 하　　(9) 다를/나눌 별
　　(10) 무리 등

3. (1) 安心　　(2) 登山　　(3) 命中
　　(4) 四方　　(5) 午後　　(6) 活氣

4. (1) ②　　(2) ③

5. (1) ②　　(2) ③　　(3) ④　　(4) ①

6. (1) ②　　(2) ⑥

7. (1) ⑧　　(2) ⑤

8. (1) ④　　(2) ⑤

108~110쪽

1. (1) 근본　　(2) 각부　　(3) 구분
　　(4) 본사　　(5) 서면　　(6) 공석

2. (1) 옷 복　　(2) 죽을 사　　(3) 기다릴 대
　　(4) 마당 장　　(5) 근본 본　　(6) 글 서
　　(7) 하여금/부릴 사　　(8) 그럴 연　　(9) 물을 문
　　(10) 돌 석

3. (1) 空白　　(2) 車道　　(3) 萬事
　　(4) 老母　　(5) 空間　　(6) 孝道

4. (1) ④　　(2) ②

5. (1) ③　　(2) ①　　(3) ②　　(4) ④

6. (1) ④　　(2) ③

7. (1) ⑦　　(2) ①

8. (1) ⑤　　(2) ⑨

122~124쪽

1. (1) 노선　　(2) 백설　　(3) 성공
　　(4) 자성　　(5) 속독　　(6) 수술

2. (1) 사라질 소　　(2) 사귈 교　　(3) 손자 손
　　(4) 집 가　　(5) 나무 수　　(6) 늙을 로
　　(7) 익힐 습　　(8) 한가지 공　　(9) 줄 선
　　(10) 많을 다

3. (1) 食水　　(2) 自白　　(3) 姓名
　　(4) 同時　　(5) 里長　　(6) 校花

4. (1) ①　　(2) ③

5. (1) ④　　(2) ②　　(3) ②　　(4) ①

6. (1) ⑤　　(2) ③

7. (1) ⑦　　(2) ⑧

8. (1) ⑦　　(2) ⑥

한자 쓰기 연습장

한자 쓰기 연습장